ऊपरवाले ने तो सिर्फ इंसान बनाया। किन्तु कुंठित विचारों और रूढ़ियों ने छुआछूत व ऊंच-नीच का आधार रखा। अब जिस महल की नींव ही इतनी कमजोर पड़ी हो वहां समता के साम्राज्य की कल्पना भी नहीं की जा सकती। भारतीय सामाजिक ढांचा को जड़ से जकड़ चुकी इस विरोधाभासी स्थिति ने आपसी सौहार्द के बदले साम्प्रदायिकता का बीज बो दिया। किन्तु 25 दिसम्बर 1927 को मानवता के पुजारी डॉ. भीमराव अम्बेडकर ने मनुस्मृति को अग्नि में स्वाहा करके दबी-कुचली व विवश जुबान को एक नई आवाज दी। किन्तु यह एक शुरुआत मात्र थी। 1925 में अछूतों के लिए आरक्षण की मांग हुई जिसे 20 अगस्त 1932 में ब्रिटिश प्रधानमंत्री रेमजे मैकडोनाल्ड ने स्वीकृति प्रदान कर दी। मानवता को धर्म का मूल बताने वाले डॉ. अम्बेडकर अपनी विद्वता व बुद्धिमता के लिए पीढ़ी दर पीढ़ी आदरणीय रहेंगे।

आधुनिक भारत के निर्माता

डॉ. भीमराव अम्बेडकर

महेश अम्बेडकर

डायमंड बुक्स

ISBN : 81-7182-485-4

प्रकाशक : **डायमंड पॉकेट बुक्स (प्रा.) लि.**
X-30, ओखला इंडस्ट्रियल एरिया, फेज-II
नई दिल्ली-110020
फोन : 011-41611861
फैक्स : 011-41611866
ई-मेल : sales@diamondpublication.com
वेबसाइट : www.dpb.in
संस्करण : 2024
टाइप सेटिंग : टाइम्स ग्राफिक्स, दिल्ली-44
मुद्रक : Young Art Press

DR. BHIMRAO AMBEDKAR

By- Mahesh Ambedkar

भूमिका

आज हमारा राष्ट्र बड़ी विकट त्रासदी के दौर से गुज़र रहा है। साम्प्रदायिकता एवं जातीय भेद-भाव के असंख्य नासूर राष्ट्र के जिस्म को निरन्तर खोखला करते हुए हिंसा व अत्याचारों का घोर अन्धकार चारों और फैला रहे हैं।

ऐसे में हमें किसी ऐसी मशाल की आवश्यकता है जो इन सब निम्न स्वार्थों से ऊपर उठ कर असाम्प्रदायिकता व भाई-चारे की पवित्र अग्नि से प्रज्जवलित हो, या फिर जरूरत है उस सूर्य की जो कभी अस्त न हो। दिन हो या रात वसुधैव कुटुम्बकम् का प्रकाश वो निरन्तर बरसाता रहे। जिसके ताप से हमारे राष्ट्र के जिस्म से साम्प्रदायिकतावादी नासूर समूल नष्ट हो जाएं।

आज हम चारों ओर अपने भूत, भविष्य या वर्तमान में झांके तो हमें एक और सिर्फ एक ही नाम सुझाई देगा। निस्सन्देह वो युग पुरुष बाबा भीमराव जी अम्बेडकर का ही नाम होगा। और भला हो भी क्यों नहीं उनका सम्पूर्ण जीवन अलगाववादी व छुआछूतवादी ताकतों के खिलाफ लड़ते और जूझते हुए बीता था। उनका जन्म उस काल में हुआ जिस काल में हमारा राष्ट्र स्वतन्त्रता की खुली हवा में श्वास लेने के लिए छटपटा रहा था। उनके जन्म से पूर्व महर्षि दयानन्द आर्य समाज की स्थापना के उपरान्त निर्वाण को प्राप्त हो चुके थे। उनकी संस्था समाज सुधार, शिक्षा व विशेषतया हरिजनों के उद्धार में कार्यरत थी। तदनन्तर अखिल भारतीय राष्ट्रीय कांग्रेस का जन्म भी हो चुका था। उस समय कांग्रेस यद्यपि स्वतन्त्रता के प्रति पूर्ण रूप से संघर्षरत नहीं थी। हाँ, सुधार और शिक्षा की दिशा में वह अवश्य ही कार्य कर रही थी।

डाक्टर अम्बेडकर की किशोरावस्था बम्बई के खुले वातावरण में बीती और उस समय तक तिलक आदि राष्ट्रीय महापुरुष स्वतन्त्रता आन्दोलन के लिए प्राणपण से जुटे हुए थे। इधर डा० अम्बेडकर जो तब तक केवल भीमराव अम्बेडकर ही थे, अपने अध्ययन में रत थे। शिक्षा के कुरूक्षेत्र में उच्च शिक्षा के लिए संघर्षरत थे।

डा० अम्बेडकर ने अपने 66 वर्ष के जीवन काल में अनेक अविस्मरणीय

कार्य किए। उनका पूर्ण विवरण आगे यथास्थान दिया गया है। कुछ का सांकेतिक विवरण यहाँ भी दिया जा रहा है।

25 दिसम्बर 1927 को डा० अम्बेडकर ने मनुस्मृति को अग्नि में स्वाहा कर दिया था। उनका मानना था भारतीय समाज में जाति व्यवस्था व वर्ण व्यवस्था को मनुस्मृति ने ही फैलाया था।

अछूतों के लिए आरक्षण व पृथक् प्रतिनिधित्व की बात भी डा० अम्बेडकर ने साइमन कमीशन के सम्मुख 1928 में प्रस्तुत कर दी थी और 20 अगस्त 1932 में ब्रिटिश प्रधानमन्त्री रेमजे मैकडोनाल्ड ने अछूतों के पृथक् प्रतिनिधित्व पर स्वीकृति की मोहर भी लगा दी थी।

हरिजन शब्द को लेकर डा० अम्बेडकर के मन में बड़ा भारी रोष था। उनका कहना था दलित हरिजन हैं तो शेष सब कौन हैं ? इस प्रश्न के पीछे उनका दृष्टिकोण समता की भावना को लिए हुए था, इसलिए तत्कालीन भारतवासियों ने ही नहीं अपितु वर्तमान पीढ़ी ने भी डा० अम्बेडकर को उनकी विद्वता व बुद्धिमता के लिए सम्मानित किया और भारत सरकार ने भी उनके इस रूप को स्वीकार किया व 14 अप्रैल सन् 1990 से आरम्भ कर 13 अप्रैल सन् 1991 तक उनका जन्मशती वर्ष बड़े उत्साह व सम्मान के साथ मनाया। डा० अम्बेडकर जैसे दिग्गज व्यक्तित्व का जीवन परिचय इन चन्द पन्नों में तो सम्भव ही नहीं। फिर भी इस पुस्तक में हमने डा० अम्बेडकर के अविस्मरणीय क्रियाकलापों को उजागर करने का प्रयत्न किया है। इस प्रयत्न में हम कितने सफल हुए हैं, इसका निर्णय तो पाठक इस पुस्तक को पढ़ने के उपरान्त ही कर सकेंगे।

—प्रकाशक

विषय सूची

1

पूर्व पीठिका

"मुझे इस देश के सामाजिक, राजनीतिक और आर्थिक ढांचे के भावी विकास के सम्बन्ध में कोई सन्देह नहीं है। मैं जानता हूं कि आज हम राजनीतिक, सामाजिक व आर्थिक पृष्ठ भूमि पर विलग-विलग बंटे हुए हैं। हम लोगों में परस्पर तनाव व कलह विद्यमान है। मैं यह भी जानता हूँ, कि मैं खुद भी इस कलह करने वालों के दल का प्रमुख हूँ। इतना तनाव व मनमुटाव होते हुए भी मुझे इस बात का पूरा विश्वास है कि वक्त आने पर, हालात बदल जाने पर कोई ऐसा कारण नहीं हो सकता जो इस राष्ट्र की एकता की राह का पत्थर बने। मैं निसंकोच कह सकता हूँ कि हमारी जाति-पाति और मत-मतान्तरों के रहते हुए भी किसी-न-किसी रूप में हम एक राष्ट्र बन कर रहेंगे। मुझे यह कहने में भी कोई हिचक नहीं कि भारत के बंटवारे की मुस्लिम लीग की मांग के बावजूद एक दिन ऐसा आयेगा, जब स्वयं मुसलमान यह सोचने व समझने लगेंगे कि अखण्ड भारत ही सबके लिए कल्याणकारी है।"

उपरोक्त पंक्तियां 17-12-1946 में पूर्व विधान निर्मात्री सभा के समक्ष दिए गए वक्तव्य के कुछ अंश हैं। उस समय व्यक्त की गई उनकी यह भावना आज भी कितनी महत्वपूर्ण है। इस बात को सिर्फ वही लोग भली-भांति समझ सकते हैं जो हृदय से भारत की अखण्डता के लिए आन्दोलनरत हैं।

स्वतन्त्र भारत के तत्कालीन प्रधानमन्त्री पंडित जवाहर लाल नेहरू ने इस प्रख्यात विधिवेत्ता भीमराव अम्बेडकर को संविधान की प्रारूप निर्मात्री सभा का अध्यक्ष बनाया था। उस संविधान में डा० अम्बेडकर ने ही 'शूद्र' कहे जाने वाले वर्ग विशेष का 'परिगणित जाति' के विशेष नाम से नामकरण किया था। स्वयं डा० अम्बेडकर भी उसी परिगणित जाति के ही अंश रहे थे। उसी परिगणित जाति के संदर्भ में उन्होंने कहा था। "...शूद्र सबसे नीच वर्ण है। और वह ऐसे प्रतिबन्धों के दायरे में कैद हैं जो इन्हें पनपने नहीं देता। लोगों ने अभी तक शूद्रों के प्रश्न का महत्व ही नहीं समझा है। वह भूल जाते

हैं कि हिन्दू समाज में शूद्र बहुसंख्यक हैं। और उनकी उन्नति न करते हुए समाज की उन्नति नहीं की जा सकती है। भारत का भविष्य व हिन्दू समाज का एकीकरण चतुर्वर्ण पर निर्भर है ...।''

कालान्तर में उन्होंने परिगणित जाति के सदस्यों को शोषित व दलित रूप में मानना आरम्भ कर दिया था। उनके लिये ही उन्होंने कहा था–

''...यह मेरी दृढ़ प्रतिज्ञा है कि मैं उन शोषित जन की सेवा में अपना जीवन बलिदान करुंगा, जिनमें मैं खुद उत्पन्न हुआ हूँ। जिन लोगों के बीच रहकर मैं बड़ा हुआ तथा जिनमें मैं रहा हूँ। मैं अपनी इस कर्त्तव्य परायणता से एक इंच भी नहीं हटूंगा। और न मैं उस आलोचना की चिन्ता करुंगा जो मेरे प्रतिद्वंदी व विरोधी लोग करते हैं।''

यहाँ जिस शोषित वर्ग की बात डा० अम्बेडकर करते हैं वह दलित वर्ग ''महार'' है। यद्यपि महारों की बहुसंख्या महाराष्ट्र में पाई जाती है, लेकिन भारत के विभिन्न प्रान्तों व विभिन्न प्रदेशों में महार कम व अधिक संख्या में पाये जाते हैं। जिसकी पुष्टी मराठी भाषा की यह कहावत पूर्ण रूप से करने में सक्षम है– 'जहाँ कहीं भी कोई ग्राम होगा। वहाँ मराठवाड़ा अवश्य होगा। इसके साथ ही जहाँ मराठी भाषी रहेंगे वहाँ महार अवश्य जायेंगे।' इस प्रकार महार जाति मराठा, मराठी और मराठवाड़ा का अभिन्न अंग रही है और आज भी है। ऐसी मान्यता है कि सम्पूर्ण जनसंख्या का 9 प्रतिशत भाग महार जाति का है।

महारों की मान्यता है कि महार जाति महाराष्ट्र प्रदेश की सबसे अधिक बहादुर जाति है। महाराष्ट्र के शेर छत्रपति शिवाजी महाराज तथा तदन्तर पेशवाओं की सेना में महार सैनिक रीढ़ की हड्डी के समान माने जाते रहे हैं। उन्होंने अनेकों युद्धों में भाग लिया था। 19वीं शताब्दी में अंग्रेजों का वर्चस्व स्थापित होने के उपरान्त सेना के बम्बई प्रेसिडैंसी फोर्स का चौथा गठन 'महार' से किया गया था। कालान्तर में, भारत के स्वतन्त्र होने के उपरान्त स्वतन्त्रता के बाद जब भारत-पाक युद्ध हुआ उस चौदह दिन के ऐतिहासिक युद्ध में भी महार रेजिमेंट ने अपने युद्ध कौशल का बढ़-चढ़ कर प्रदर्शन किया था।

महार जाति के लोग आरम्भ काल से स्वयं को भूमिपति मानते आये हैं। महाराष्ट्र में यह प्रचलित था कि जब कभी किन्हीं परिवारों में भूमि के बंटवारे की बात आती थी तो उसके निपटारे के लिए महार को ही बुलाया जाता था। वह महार भूमि का विधिवत बंटवारा तो करता ही था, साथ ही खुद वहाँ दीवार बना कर सीमा भी निर्धारित करता था। गाँव के खेतों की देखभाल व सुरक्षा का जिम्मा भी महारों के हाथों में ही था। एक गाँव से

दूसरे गाँव सन्देश ले जाने का काम भी महार हरकारे किया करते थे।

परिवर्तन के नियम के अन्तर्गत महारों ने भी परिवर्तन को अपनाया और अपने पुश्तैनी काम-काज को छोड़कर महारों ने श्मशानों में लकड़ी पहुंचाना, मरे हुए पशुओं को उठाना और गाँव से बाहर फेंकना आदि का काम अपना लिया। जिस कारण मराठी समाज में उनके प्रति एक अलगाववादी भावना पनपने लगी और धीरे-धीरे यही भावना महारों के अछूत कहलाने का कारण बनी। यह उस समय की बात है जब भारत पर ब्रिटिश शासन था। रामजी मालोजी अम्बेडकर जो कि डा० अम्बेडकर के पिता थे ब्रिटिश सेना में ग्रेनेडियर रेजीमेंट के सूबेदार मेजर के पद पर आसीन थे। इस सूचना ने कि सेना में महारों की भरती का काम बन्द कर दिया गया है, उन्हें विचलित कर दिया था। रामजी मालोजी ने जल्द ही जस्टिस एस० जी० गणेश के पास जा कर ब्रिटिश सरकार के इस फैसले के विरुद्ध एक याचिका तैयार करवाई, जिसमें महारों की सेना में भर्ती न करने के विषय में जोर दिया गया था। रामजी ने यह याचिका भारत सरकार के पास भेजी। लेकिन भारत सरकार ने इस पर कोई ध्यान न दिया। जिसका परिणाम इसके विरुद्ध आन्दोलन के रूप में सामने आया।

आन्दोलन करना कोई बच्चों का खेल तो होता नहीं। इसके लिए आवश्यकता होती है जनशक्ति की, व उस विशाल जन समूह को भली प्रकार सम्भाल पाने वाले व नियन्त्रण में रख पाने वाले नेतृत्व की। लेकिन धुन के पक्के रामजी ने शिवराम जनवा कांबले, बहादुर भटनागर, सूबेदार घटगे और सूबेदार सेबडेकर की सहायता से यह कठिन कार्य भी कर दिखाया और एक प्रबल आन्दोलन महारों के सेना में भर्ती न किये जाने के विरुद्ध जोर-शोर से किया। और इस आन्दोलन का प्रभाव भी महारों के पक्ष में ही हुआ। एक बार फिर ब्रिटिश सेना में महारों की भर्ती के दरवाजे खोल दिये गये।

महार वीर सैनिक माने जाते हैं। इस बात की सच्चाई का अन्दाजा इस बात से भली-भांति लगाया जा सकता है कि जब ईस्ट इंडिया कम्पनी की बम्बई में 25 महार रेजिमेन्ट थीं और उसमें 750 महार ट्रुप थे। प्रथम तथा द्वितीय विश्वयुद्ध में महारों ने अद्‌भुत साहस व अदम्य वीरता का परिचय दिया था। उनकी इसी अदम्य वीरता के कारण ही इस सैनिक टुकड़ी का नया नामकरण महार रेजिमेंट के रूप में हुआ। स्वतन्त्रता के उपरान्त भारतीय राष्ट्रपति ने इस महार रेजिमेंट को 'यशसिद्धि' का ध्वज प्रदान किया व सेना में प्रमुख स्थान पर प्रतिष्ठित भी किया।

एक बार फिर प्रथम विश्वयुद्ध के दौरान महारों की सेना में भर्ती वाले मामले को लेकर काफी गहमा-गहमी उत्पन्न हो गई थी। प्रतिबन्ध को लेकर

महारों में असन्तोष का ज्वालामुखी फूटना पूर्णतया स्वाभाविक ही था। परिणामस्वरूप महार विद्रोह पर उतर आए। विश्वयुद्ध समाप्त होने तक इस दिशा में कोई विधायक कार्य सम्पन्न नहीं हो सका। इतना ही नहीं प्रथम विश्वयुद्ध समाप्त होते ही महार रेजिमेंट को छिन्न-भिन्न कर दिया गया व महारों की सेना में भर्ती पर पूर्णतया प्रतिबन्ध लगा दिया गया।

इधर हमारे चरित्र नायक उस समय तक भारतीय क्षितिज पर एक उज्जवल प्रकाशमान तारे की तरह जगमगा उठे थे। सन् 1923 में उन्होंने वकालत की परीक्षा उतीर्ण कर ली थी। महारों की भर्ती पर प्रतिबन्ध का मामला अभी गर्मागर्म था। डा० अम्बेडकर ने वह मामला अपने हाथ में ले लिया और पूरी तैयारी के साथ सूबेदार डी० बी० खाम्बे तथा अन्य महार सैनिक अधिकारियों की इस मामले में मदद व जानकारी लेकर इस मामले की खुद पैरवी की और इस प्रतिबन्ध को हटवाने में सफल रहे।

डा० अम्बेडकर की कड़ी मेहनत व सच्ची लगन का ही यह सुपरिणाम है कि महार रेजिमेंट की आज लगभग पन्द्रह बटालियन हैं। इतना ही नहीं, इसे भारतीय सेना की सबसे बड़ी रेजिमेंट होने पर गौरव भी प्राप्त है साथ ही 1946 में महार मशीनगन रेजिमेंट का गठन किया गया। आज उसे सबसे शक्ति सम्पन्न सैनिक टुकड़ी होने का सम्मान प्राप्त है। महारों ने सेना में जो कुछ भी पाया उसका सारा श्रेय रामजी व उनके पुत्र डा० भीमराव अम्बेडकर को ही जाता है। पिता व पुत्र अगर इस रेजिमेंट को बचाने का अथक प्रयास न करते तो समय की गहरी गर्त में महार रेजिमेंट न जाने कहाँ दफन हो जाती।

❄❄❄

2

अम्बेडकर का बाल्यकाल

डा० अम्बेडकर के बाल्यकाल का नाम भीम सकपाल था। सूबेदार मेजर रामजी सकपाल की वह चौहहवीं सन्तान थे। घर में सबसे छोटे होने के कारण सबके लाड़ले व दुलारे भी थे। लेकिन उनके भाग्य में माँ का दुलार अधिक न था। तभी तो कुल सात वर्ष की अल्प आयु में उनकी माँ श्रीमती भीमाबाई उन्हें ममता से वंचित कर स्वर्ग सिधार गई थीं। भीम सकपाल का बाल्यकाल महाराष्ट्र के सुप्रसिद्ध क्षेत्र रत्नागिरि में ही बीता लेकिन माँ के प्यार व दुलार की कमी उन्हें अन्दर ही अन्दर कहीं खटक रही थी। उस वक्त के भीम सकपाल की मनोदशा का अन्दाजा, कोई भुक्तभोगी ही भली-भांति लगा सकता है।

बालक सकपाल के जन्म लेने तक महारों पर शूद्र से नीच वर्ण की मोहर लग चुकी थी। उनकी इस अवस्था तक पहुंचने की पृष्ठ भूमि का पूर्ण विवरण पिछले पृष्ठों में किया जा चुका है। सारे कबीले में खुशी का माहौल छाया हुआ था क्योंकि चौदहवीं सन्तान के रूप में रामजी मालोजी अम्बेडकर के घर लड़के का जन्म हुआ था। महाराष्ट्रीय परम्परा के तहत बालक का नामकरण महार स्वामी ने बालक को शुभ-आशीर्वाद देते हुए उसका नाम भीम सकपाल रखा।

अन्य जातियों की तरह रामजी मालोजी अम्बेडकर के पूर्वज भी उनके देवी-देवता जाखाई, मोसाई के उपासक थे। इसके अतिरिक्त वे वेताल, महासा, बाहरी, मादवी, मारीपाई आदि का पूजन किया करते थे। गाँव के कोने में देवी-देवताओं के मठ स्थापित रहते थे। जहाँ उनकी पूजा अर्चना की जाती थी।

महार जाति में चोखामेला नाम के एक महान भक्त सन्त हुए हैं। कवि हृदय होने के कारण वह भक्ति गीतों की रचना किया करते थे। समय के साथ-साथ महार जाति में उनकी भक्ति रचनाओं का प्रभाव बढ़ता ही गया व महारों में भक्ति भावना का गहन संचार हुआ। सन्तजी का निर्वाण होने

पर पण्डरपुर में उनके समाधि स्थल पर मन्दिर बनाया गया। इस महार कवि सन्त के मन्दिर की आज भी बड़ी भारी मान्यता है। महार जाति के लोग श्रद्धापूर्वक दूर-दूर से उस समाधि मन्दिर में अपनी श्रद्धा भक्ति को प्रकट करने आते हैं व उस महान कवि सन्त को श्रद्धा सुमन समर्पित करते हैं।

भला सन्त चोखामेला के हृदय को छू जाने वाले भजनों से रामजी मालोजी अम्बेडकर का परिवार किस तरह वंचित रह सकता था। घर में अक्सर उनके भजन गाये जाते थे। व उनका परिवार समय-समय पर देवी-देवताओं की पूजा अर्चना के लिए पण्डरपुर समाधि पर भी जाया करता था कहते हैं व्यक्ति पर उसके वातारण का उसके साथी-सहयोगियों का बहुत प्रभाव पड़ता है। इसलिए धीरे-धीरे बालक भीम सकपाल पर उसके पारिवारिक परिवेश का प्रभाव पड़ता गया। वीर महार सैनिक के यहाँ जन्म होने के कारण पिता की व महार जाति की वीरता का बीजारोपण भीम सकपाल में भी हुआ पिता के संघर्षशील, विद्रोही, आन्दोलनकारी रक्त का असर भीम सकपाल में आना स्वाभाविक ही था। यूं भी बालक कोमल मन होते हैं। कोई भी घटना संस्कार उनके भीतर आसानी से गहरा जा उतरता है और स्थायी स्थान बना लेता है। घर व बाहर अपने चारों ओर संघर्ष भरा माहौल देख बालक सकपाल में भी संघर्ष की भावना कठोरता के साथ बलवती होती गई।

बाल्यकालीन घटनाएं बालक पर अपना अमिट प्रभाव छोड़ती हैं। फिर भला वह प्रभाव भली घटनाओं के हों या बुरी घटनाओं के, प्रभाव तो उनका स्थायी ही रहता है। कुछ ऐसा ही बालक सकपाल के साथ मात्र छः वर्ष की बाल अवस्था में हुआ था। एक वक्त सकपाल अपने बड़े भाई के साथ बैलगाड़ी में बैठकर दूसरे गाँव तक जा रहे थे। गाड़ीवान को इनके अगले-पिछले के बारे में रतिमात्र भी खबर नहीं थी। क्योंकि किसी का वर्ण या जाति उसके माथे पर तो लिखी नहीं होती। बाह्य रूप रेखा तो सभी मनुष्यों की समान ही होती है।

लेकिन होनी को तो कुछ और ही मंजूर था। सकपाल व उनके बड़े भाई के साथ बैलगाड़ी में कुछ अन्य जन भी सवार थे। बोरियत से बचने के लिए सभी आपस में बातें करते जा रहे थे। उनकी बातों में सकपाल व उनके बड़े भाई का महार जाति का होने का राज खुल गया। अचानक गाड़ीवान का व्यवहार भीम सकपाल व बड़े भाई के प्रति बड़ा ही कठोर हो गया। रौद्र रूप धारण करने में उसे अधिक समय नहीं लगा। वह भूल गया कि वह दोनों महार व पंडित की जाति-पाति से विलग मासूम बच्चे हैं। उनको भला जात-पात से क्या सरोकार। लेकिन गाड़ीवान तो क्रोधावेश में अन्धेपन को प्राप्त हो चुका था। पलक झपकते ही उसने दोनों मासूम

बालकों को गाड़ी से नीचे उतर जाने को कहा। लेकिन बेचारे गाड़ीवान की मजबूरी यह थी कि वह उन महार बच्चों को अशुद्ध होने के भय से छू तो नहीं सका। लेकिन आंखों को कटोरों से निकल कर गिर जाने वाली हद तक फैला कर क्रोधपूर्वक उन्हें देखता रहा। आखिर बच्चों को गाड़ी से उतर पर बाकी का सफर पैदल ही तय करना पड़ा।

पैदल चलने से हुई थकान व रास्ते में हुए अपमान, इन दोनों बातों ने बालक सकपाल के मन मस्तिष्क पर गहरी छाप छोड़ी थी। दोनों बालकों ने उस अपमानजनक घटना का विवरण पिताजी से लिपट कर व फूट-फूट के रो कर उन्हें सुनाया पिता रामजी सकपाल के मन में इस अपमान के बदले की भावना उमड़ने लगी।

स्थिति का विश्लेषण कर पिताजी इस नतीजे पर पहुंचे कि अपने सुपुत्रों को उच्च से उच्च शिक्षा दिलवाकर समाज के उस मुकाम तक पहुंचायेंगे जहाँ उच्च वर्ग के लोग विराजमान हैं। पिताजी के इस संकल्प को पुत्रों ने भी दोहराया कि वह उच्च शिक्षा प्राप्त करके ही रहेंगे। क्योंकि ऊंचाई तक पहुंचने का एक यही मार्ग है।

बाल मन – गृह-त्याग

भीमराव सकपाल के बाल मन को उस घटना ने बुरी तरह झिंझोड़ दिया था वह जल्द से जल्द उच्च शिक्षा ग्रहण करने के लिए प्यासे पक्षी की तरह छटपटाने लगा। एक दिन वो छटपटाहट अपनी सीमा रेखा को लांघ गई और भीमराव सकपाल घर में बिना खबर दिये चुप-चाप अपनी बहन के पास बम्बई महानगर जा पहुंचा। उसके हिसाब से गाँव के मुकाबले में शहर में उच्च शिक्षा के सुअवसर तो अधिक हैं ही और साथ ही जात-पात का प्रतिबन्ध भी नहीं है। महानगर में भला एक सकपाल महार को कौन जानेगा।

भाई को आया देख कर बहन का मन खुशी के साथ आश्चर्य से भी भर गया। सकपाल के मुख से गाँव छोड़ कर बम्बई भाग आने का उद्देश्य जान कर बहन का मन रो उठा। महानगर का हिसाब तो हाथी के दांत खाने के और दिखाने के और जैसा था। वह खुद महानगर के समाज में रह कर ऊंच-नीच को पीड़ा को सह रही थी। महानगरों की इस विषम स्थिति को बहन भाई सकपाल को बताने में खुद को असमर्थ पा रही थी। उसे भय था कहीं भाई उसकी बात का कोई दूसरा ही मतलब न निकाल ले।

बहन ने भाई को सांतवना देते हुए यही विचार किया कि कुछ दिन सकपाल को यहीं रहने दिया जाए। जल्द ही उसे स्वयं ही महानगर की

असलियत का दीदार हो जाएगा। फिर जल्द ही हुआ भी ऐसा ही उच्च शिक्षा प्राप्त कर ऊंचा बनने का सकपाल का यह दिव्य स्वप्न चकनाचूर हो गया। उस दिन सकपाल चाय पीने के इरादे से एक दुकान पर जा बैठा। अजनबी दिखते उस बालक से दुकान मालिक ने उसके विषय में पूछा।

परदेस में किसी के सहज भाव से पूछने पर बालक सकपाल ने भी दुकानदार को अपना नाम, काम व धाम आदी सत्य-सत्य बतला दिया कि वो बम्बई में उच्च शिक्षा ग्रहण करके समाज में उच्चासन पर आसीन होने के इरादे से घर से भाग कर अपनी बहन के पास आया है, जैसे ही दुकानदार को पता लगा कि सकपाल जाति का महार है तो उसने सकपाल को बुरी तरह डांटते हुए इस प्रकार भगाया कि वह कीचड़ में जा गिरा।

इस हृदय विदारक घटना का सकपाल के बाल मन पर क्या प्रभाव पड़ा था, उसका अनुमान सहज सम्भव नहीं है ऐसी कई घटनाएं उनके बाल जीवन में घटित हुई थीं।

❄❄❄

3

अम्बेडकर की शिक्षा

रामोजी की सूबेदारी जाती रही। कहने का तात्पर्य यह है कि उन्हें सेवावकाश प्राप्त हो चुका था। महू छावनी में उनका कोई पुश्तैनी मकान तो था नहीं फिर नौकरी से रिटायर होने पर सरकार द्वारा प्राप्त मकान भी उन्हें छोड़ना ही था। वह सपरिवार महाराष्ट्र के कोंकड़ क्षेत्र में दपोली आ गए। इसी बीच बम्बई में उच्चतर शिक्षा का कोई उचित प्रबन्ध न हो पाने के कारण भीम सकपाल भी वापस आ चुका था। रामोजी की समस्या थी परिवार का लालन-पालन जिसके लिए कम से कम एक अदद नौकरी की आवश्यकता थी। निरन्तर प्रयास के बावजूद भी उन्हें दपोली में कोई नौकरी नहीं मिली। तब उन्होंने सतारा जाने का फैसला किया। सतारा में उन्हें नौकरी के लिए काफी मुश्किलों का समाना करना पड़ा, सबसे अहम मुश्किल थी कि रामोजी की जमा पूंजी धीरे-धीरे समाप्त हो रही थी। सकपाल को स्कूल में भर्ती करवाने की ललक माँ भीमाबाई में भी थी। इधर रामोजी भी अपने बच्चों को उच्च शिक्षा दिलवाकर उन्हें समाज में उच्च स्थान पर आसीन करने की अपनी प्रतीज्ञा पर दृढ़ थे।

दृढ़ संकल्पी व्यक्ति की समस्याओं का समाधान अवश्य हो जाता है। आखिर रामोजी का परिचय एक कम्पनी के स्वामी से हो गया। रामोजी ने उसे अपनी समस्या सुनाई तो उस भले मानस ने रामोजी को कहा, "आप तो सेना में सूबेदार रह चुके हैं, निःसन्देह वहाँ आपको अच्छा वेतन भी मिलता होगा। नौकरी तो मैं आपको दे सकता हूँ। लेकिन उतना वेतन दे पाना मेरे बस के बाहर है। ठीक लगे तो अपनी नौकरी पक्की समझिये।"

रामोजी भला कैसे मना कर सकते थे। उन्हें तो परदेस में जल्द ही किसी आश्रय की तलाश थी और इस बात से भी भली-भांति परिचित थे कि सूबेदारी जैसी नौकरी व उतना अच्छा वेतन तो सिर्फ सेना की नौकरी में ही मिल सकता था। लेकिन वह तो उस पद से रिटायर हो चुके थे। अब तो साधारण कम्पनी में ही व साधारण वेतन में ही सन्तोष करना होगा, लिहाज़ा

उन्होंने नौकरी के लिए हाँ कर दी। चालीस रुपये प्रतिमाह वेतन निर्धारित किया गया था जो रामोजी को मान्य था। मानने के अलावा उनके पास कोई अन्य विकल्प भी तो नहीं था। प्रातः आठ बजे से सायंकाल छः बजे तक रामोजी कम्पनी में चौकीदारी किया करते थे।

सतारा में आकर सकपाल का नाम बदल दिया गया। अब उन्हें भीमराव रामोजी के नाम से पुकारा जाने लगा। साथ ही उन्हें विद्यालय में भर्ती करने का प्रयत्न भी किया जाने लगा। अलग-अलग पाठशालाओं के चक्कर काटे जाने लगे। हर विद्यालय में उन्हें यही जवाब मिलता कि "महारों को हमारे यहाँ दाखिला नहीं दिया जाता।" रामोजी ने हिम्मत से काम लिया। वह भिन्न विद्यालयों के चक्कर काटते रहे आखिर राजकीय वर्नाक्यूलर स्कूल के प्रधानाचार्य को रामोजी पर दया आ गई और उन्होंने भीमराव का दाखिला स्वीकार कर लिया।

भीमराव का शिक्षा में रुझान तो था ही। अतः उन्होंने मन लगा कर पढ़ना शुरू कर दिया। परिणामस्वरूप वह न केवल स्कूल के प्रधानाचार्य की दृष्टि में अपितु सभी अध्यापकों की दृष्टि में एक मेधावी छात्र के रूप में उभर कर सामने आए।

रामोजी की गृहस्थी की गाड़ी अब कुछ समतल धरा पर चलने लगी थी। नौकरी मिल जाने के कारण आश्रय व भोजन की चिन्ता नहीं थी। भीमराव को पाठशाला में प्रवेश मिल गया था। और वह मन लगा कर पढ़ भी रहा था। तभी रामोजी की धर्मपत्नी भीमाबाई बीमार पड़ गईं और वैद्य के कड़े प्रयासों के बावजूद भी भीमाबाई का रोग तेजी से बढ़ता ही गया। एक मास से कुछ अधिक समय तक वह बिस्तर पर रहीं और अन्त में वह चल बसीं। रामोजी पर एक और विपदा का पहाड़ टूट पड़ा था। भीमराव का मानो हृदय ही टूट गया था।

रामोजी को घर गृहस्थी सम्भालना कठिन हो गया। प्रातः जल्दी नौकरी पर जाना शाम को घर लौटना, लेकिन विवश होकर सब कुछ करना ही पड़ा। शाम को थके-हारे घर पहुंचते फिर भूखे बच्चों व खुद के लिए भोजन बनाते। रात के भोजन में से सुबह के लिए कुछ भोजन बचा कर रख देते क्योंकि प्रातःकाल उन्हें भोजन बनाने का समय नहीं मिल पाता था। भीमराव रात के भोजन को ही सुबह खा कर स्कूल जाते थे। सभी परिजन उस अल्पाहार से ही काम चलाते व फिर शाम को पिता रामोजी के घर लौटने पर सब भरपेट भोजन किया करते ।

भीमराव आधे पेट भोजन कर स्कूल जाते लेकिन भूख के कारण पेट की जलन उनसे सहन न होती थी। उन्होंने पिता को अपनी कठिनाई बतलाई।

पिता रामोजी ने कहा वह प्रात:काल ही उसके लिए रोटी बना कर रख जाएंगे। वह घर आ कर खा लिया करे। भीमराव ने अर्द्धावकाश में घर आ कर रोटी खानी प्रारम्भ कर दी, जिससे उनके पेट की आग तो शान्त हुई लेकिन अर्द्धावकाश के बाद स्कूल पहुंचने में देर हो जाने के कारण प्रधानाध्यापक के क्रोध की अग्नि का सामना भीमराव को समय-समय पर करना पड़ता था। प्रधानाध्यापक उनकी इस हरकत से तंग आ कर उसे स्कूल से निकाल देने को कहते थे। विवश भीमराव को भूखा ही रहना पड़ता था। लेकिन उन्होंने कभी पढ़ाई से जी नहीं चुराया।

पढ़ाई में अच्छा होने के कारण भीमराव प्रतिवर्ष परीक्षा में अच्छे अंक लेकर उत्तीर्ण होता था इसलिए प्रधानाध्यापक का उस पर स्नेह भी था। उन्होंने भीमराव को दिन की रोटी अपने यहाँ खाने को कहा। इस तरह भीमराव के दिन के भोजन की समस्या का समाधान तो हुआ ही साथ ही उन्होंने प्राथमिक परीक्षा भी उत्तीर्ण कर ली।

राजकीय विद्यालय में जहाँ प्रधानाध्यापक जैसे व्यक्ति थे तो दूसरे अध्यापकों जैसे अमानवीय व्यक्ति भी थे जो भूले से कभी भीमराव से कोई प्रश्न पूछ लेते तो उसे अपने से दूर ही खड़ा रह कर प्रश्न का उत्तर देने को कहते। उनका यह दुर्व्यवहार ठीक वैसा ही था जैसा कि किसी भयानक संक्रामक रोग के मरीज के साथ किया जाता है। उनसे एक विशिष्ट दूरी रख कर ही बात ही जाती है व रोग के कीटाणुओं से बचने के लिए मुँह पर कपड़ा बांधा जाता है। इतना ही नहीं पानी मात्र पीने के लिए अम्बेडकर को बुरी तरह अपमानित होना पड़ता। ब्रह्माण्ड नायक जिसने इस धरा पर सूर्य द्वारा गिरने वाले प्रकाश व नदियों पर बहने वाले जल, मन्द-मन्द बहने वाली हवा आदि जीवनदायनी शक्तियों को सबके लिए एक समान बनाया है। ऐसा हमारे शास्त्र व शास्त्रों के ज्ञाता कहते हैं।

लेकिन जाने कितनी बार भीमराव को अपनी प्यास वापस घर आ कर ही बुझानी पड़ती थी। क्योंकि महारों को नल व कुआँ छूने का अधिकार नहीं था। इतना ही नहीं उच्च जाति के छात्र उन्हें अपने साथ नहीं बैठने देते थे। उन्हें भय था कि भीमराव की परछाई पड़ने से वे भी अशुद्ध हो जाएंगे। उन्हें सबसे अलग-थलग कक्षा के एक कोने में बैठाया जाता और उस मासूम को जमीन पर बैठना पड़ता क्योंकि जमीन पर बैठने वाला आसन जो कि स्कूल से ही मिलता था भीमराव को नहीं दिया जाता था। लेकिन शिक्षा की धुन के पक्के भीमराव पर इसका कोई प्रत्यक्ष प्रभाव नहीं पड़ता था। वह जमीन पर बैठने के लिए एक पुराने टाट का टुकड़ा अपने साथ घर से ही लेकर स्कूल आने लगे व पूरी कोशिश करके अध्ययन करने लगे।

लेकिन नियति को कुछ और ही मन्जूर था कष्ट किसी भी तरह ढूंढ-ढांढ कर उनका घर पता लगा ही लेते थे। व्यापार में घाटा होने के कारण रामोजी के कम्पनी मालिक को कम्पनी बन्द करनी पड़ी। फलस्वरूप रामोजी के परिवार के भरण-पोषण व उनके उच्च शिक्षा के एकमात्र सहारे यानी वह नौकरी भी जाती रही। नौकरी तो उनकी सेना वाली भी छूटी ही थी। लेकिन अब हालात कुछ और थे वह वृद्ध हो चुके थे। पत्नी के देहान्त ने उन्हें पहले ही तोड़ दिया था, नौकरी चले जाने से वह और चिन्तित हो गए। इधर भीमराव भी प्राथमिक परीक्षा उत्तीर्ण कर माध्यमिक कक्षा में प्रवेश पाने का इन्तजार कर रहा था। भीमराव एक होनहार मेधावी छात्र था।

समस्या यह थी कि रामोजी की आर्थिक स्थिति बहुत ही नाजुक थी। तनख्वाह जो मिलती थी वह घर चलाने को ही कम पड़ती थी। बच्चों के भविष्य के लिए कुछ बचत करने के बारे में सोचना ही असम्भव था। लेकिन भीमराव को माध्यमिक कक्षा में दाखिल करवाना भी बहुत जरूरी था, आखिर उनके भविष्य का सवाल था। बहुत सोच-विचार कर रामोजी ऋण लेने के इरादे से साहूकार के पास जा पहुंचे। साहूकार ने ऋण देने से तो मना नहीं किया लेकिन कुछ सोने का गहना, आभूषण गिरवी रखने को भी कहा। चौकीदार की चालीस रुपये प्रतिमाह वाली नौकरी करने वाली रामोजी भला सोने का आभूषण कहाँ से लाते। तभी उन्हें ध्यान आया कि उनके पास पीतल की एक बड़ी परात पड़ी है। साहूकार ने वह पीतल की परात गिरवी रख कर पचास रुपये उन्हें दिए। साथ ही एक साल में ब्याज समेत सूद न लौटाने की सूरत में वह परात उसकी हो जाएगी ऐसी शर्त भी रखी लिखत-पढ़त कर रामोजी पचास रुपये ले कर घर चले आए।

अगले दिन रामोजी भीमराव को लेकर सतारा के ऐलफिर्स्टन हाईस्कूल चले आए। वहाँ बड़ी ही सुगमता से भीमराव को प्रवेश मिल गया था। महाराष्ट्र की प्रचलित परम्परा के मुताबिक राजकीय विद्यालय के प्रधानाध्यापक ने उनके नाम भीमराव के साथ अम्बेडकर भी जोड़ दिया था अब प्रमाण-पत्र में उनका नाम पिता का नाम साथ जुड़ जाने के कारण भीमराव रामोजी अम्बेडकर हो गया और सकपाल सदा-सदा के लिए विदा हो गया।

भीमराव के नाम के साथ अम्बेडकर तो जुड़ गया लेकिन। उन पर पुश्तैनी तौर पर लगी महार जाति की मोहर ने भी उनका पीछा नहीं छोड़ा था। इस कारण उन्हें पग-पग पर पद-दलित व अपमानित होना पड़ता था। इन सब घटनाओं ने उनके मन में गहरा प्रभाव डाला। लेकिन उच्च शिक्षा प्राप्त करने को वचनबद्ध भीमराव को यह सब चुपचाप सहना पड़ा।

सतारा के ऐलफिर्स्टन हाई स्कूल में भी इस कुशाग्र बुद्धी वाले मेधावी

छात्र ने धूम मचा दी। अध्यापकों को वह बालक सामान्य विद्यार्थियों से अलग व विलक्षण लगा। बरबस ही अध्यापक भीमराव के अध्ययन में रुची लेने लगे। यह छात्र अवश्य ही महान उन्नति करेगा ऐसा सभी अध्यापकों का मत था। वह उसको शिक्षा में हर सम्भव सहायता करने लगे। परिणामस्वरूप सन् 1908 में भीमराव ने हाई स्कूल प्रथम श्रेणी में उत्तीर्ण किया।

विवाह

जिस काल में भीमराव रामोजी अम्बेडकर इस धरा पर सशरीर विराजमान थे उस काल में लड़के व लड़की का विवाह बाल अवस्था में ही कर दिये जाने का विधान था। बालकों के लिए विवाह की उम्र 16 वर्ष निर्धारित की गई थी। कहीं-कहीं यह आयु दस से बारह वर्ष तक रखी गई थी। कन्याओं का तो कहना ही क्या था। छ: साल की आयु से लेकर कन्या का विवाह बारह साल की आयु तक किसी भी हाल में कर दिया जाता था। यह प्रथा सिर्फ महारों में ही नहीं बल्कि सम्पूर्ण भारत वर्ष में व सभी जातियों में प्रचलित थी। भला रामोजी इस सामाजिक व्यवस्था को कैसे न मानते।

1906 में रामोजी ने भीमराव से कोई सलाह मश्वरा किये बगैर ही जैसा कि उस काल में होता हीं था, भीमराव का शुभ-विवाह भी भीखू बालशंकर की सुपुत्री सौभाग्यकांक्षिणी रमाबाई से सम्पन्न करवा दिया। अक्सर देखा गया है कि इस कम उम्र के कम समझ किशोर-किशोरी विवाह का वास्तविक अर्थ नहीं समझ पाते हैं और एक-दूसरे के मोहजाल में फंसकर रह जाते हैं। जिस उम्र में उन्हें पढ़ लिख कर अपना भविष्य सवांरना चाहिये उस उम्र का अधिकांश समय वह एक-दूसरे के साथ बिता कर व्यर्थ कर डालते हैं।

भीमराव रामोजी अम्बेड़कर उन साधारण किशोरों में से नहीं था। उसके जीवन का उद्देश्य तो उच्च शिक्षा प्राप्त कर समाज में सम्मान के साथ जीवन यापन करना था। किशोर होते हुए भी भीमराव रामोजी अम्बेडकर लक्ष्यच्युत नहीं हुआ। पिता की आज्ञा को शिरोधार्य करने के लिए उसने विवाह करना उचित समझा, लेकिन अपने अध्ययन में कोई रुकावट न आने दी। विवाह के दो वर्ष उपरान्त हुई मैट्रिक परीक्षा में वह प्रथम श्रेणी में उत्तीर्ण हुए। इससे हम यह जान सकते हैं कि भीमराव अपने लक्ष्य के प्रति कितने समर्पित व दृढ़ निश्चय युक्त थे।

विवाह हो जाने पर परिवार की देखभाल की पूरी जिम्मेदारी उनकी धर्मपत्नी रमाबाई ने अपने कन्धों पर ले ली थी। जिससे वृद्ध होते रामोजी को आराम मिला। कष्टों व चिन्ताओं ने उन्हें कुछ ज्यादा ही कमजोर कर

डाला था। लेकिन हाँ, पुत्रवधु घर आ जाने की खुशी ने उनके चेहरे पर चिन्ताओं के कारण खिंच आईं आड़ी-टेड़ी लकीरों को अवश्य ही कुछ हल्का कर दिया था। किन्तु उन्होंने इस बात का भी ख्याल रखा कि पुत्र की शिक्षा के मार्ग में कोई व्यवधान न पड़े। इसी कारण विवाह के छः वर्ष तक अम्बेडकर दम्पति के यहाँ नवजात शिशु की किलकारी नहीं गूंजी।

बड़ौदा महाराज की कृपा

मैट्रिक में उत्तीर्ण होने के उपरान्त भीमराव रामोजी अम्बेडकर को आगे की शिक्षा की फिक्र होने लगी, क्योंकि फिलहाल उनके समक्ष कोई मार्ग न था। किसी प्रकार घर तो चल रहा था लेकिन कॉलेज की शिक्षा के लिए अतिरिक्त धन की आवश्यकता थी और घर में कोई भी रोजगार नहीं करता था।

सच्चा मित्र तो वही है जो अपने साथी की परेशानी को कठिनाई को उनकी दृष्टि से ही समझ जाए। ऐसा ही एक मित्र भीमराव रामोजी अम्बेडकर का भी था जिसका नाम कैलुस्कर था। भीमराव कुछ न कह कर भी अपनी परेशानी उससे छुपाने में असमर्थ रहे। कैलुस्कर के पूछने पर पहले तो भीमराव टाल गए लेकिन कैलुस्कर उनकी आर्थिक स्थिति से भली प्रकार अवगत था। वह इस बात से भली-भांति परिचित था कि भीमराव उच्च शिक्षा प्राप्त करने को लालायित हैं। वह स्वयं भी निम्न जाति का था। लेकिन ईसाई धर्म में परिवर्तित हो जाने के कारण उसकी स्थिति कुछ बेहतर थी। और वह भीमराव की समस्या में व्यक्तिगत रूप से भुक्त-भोगी नहीं था।

सोच-विचार करने के उपरान्त केलुस्कर को भीमराव की कठिनाई का समाधान सूझा। उसने भीमराव को बड़ौदा के महाराजा सयाजीराव से मिलने की सलाह दी और यह भी कहा कि वह बड़े ही दयालु व मदद पसन्द व्यक्ति हैं। यदी तुम किसी सूरत से उन्हें मिल सको व उनके सामने अपनी समस्या को सफलतापूर्वक रख सको तो तुम्हारा कार्य सिद्ध हो सकता है। क्योंकि मैं जानता हूँ महाराजा गायकवाड़ की समझ में अगर तुम्हारी समस्या आ गई तो जो भी उचित सहायता उनसे बन पड़ेगी वह अवश्य ही करेंगे।

भीमराव भला इस स्वर्ण सलाह को कैसे ठुकरा देते। आखिर एक मात्र यही तरीका था उच्च शिक्षा पाने का। वह महाराज सियाजीराव गायकवाड़ के सामने येन-केन प्रकारेण पहुंच गये। और अपनी दारुण कथा विस्तारपूर्वक महाराज को कह सुनाई। किसी राज्य या रियासत का महाराज कोई ऐसे ही नहीं बन जाता उसमें व्यक्ति विशेष को परखने व विश्लेषण करने की विशेष

क्षमता होती है और महाराजा गायकवाड़ ने भी अपनी इस विशिष्ट क्षमता का प्रयोग कर समस्या को समझा और भीमराव को कॉलेज में दाखिला लेने के लिए कहा। खुद महाराज ने उनके दाखिले की। व्यवस्था की जब तक वह पढ़ना चाहो मैं 25 रुपये मासिक की छात्रवृत्ति तुम्हें देता रहूंगा उन्होंने ऐसा भी कहा।

बड़ौदा के महाराज सियाजीराव गायकवाड़ की दयालुता के आगे भीमराव रामोजी अम्बेडकर का मस्तक श्रद्धा से झुक गया। उनको लगा जब तक ऐसे भले इन्सान धरा पर हैं, इन्सानियत को नहीं मिटाया जा सकता। कॉलेज में प्रवेश आदी में होने वाले व्यय के लिए महाराज से सौ रुपये प्राप्त कर वह वापस चले आये।

सपरिवार बम्बई जा कर वहीं रहने लगे व बम्बई के कॉलेज में दाखिला भी प्राप्त कर लिया। दिसम्बर 1912 में यहीं बम्बई में ही उनकी धर्म पत्नी रमाबाई ने प्रथम पुत्र को जन्म दिया। पुत्र का नाम यशवन्तराव रखा गया।

शिक्षा से उपगम का तो कोई सवाल ही नहीं उठता था। 1912 में ही भीमराव ने बम्बई विश्वविद्यालय से स्नातक की परीक्षा भी उत्तीर्ण की। शिक्षा के लिए दृढ़ निश्चय व लगातार मिलती सफलता ने भीमराव की उच्च शिक्षा प्राप्ति की इच्छा को और बलवती कर दिया। किन्तु घर के हालात इसकी आज्ञा नहीं देते थे। वृद्ध पिता व घर के दैयनीय हालात को देखकर भीमराव ने नौकरी करने का निश्चय किया। यह बात जब वृद्ध पिता तक पहुंची तो उन्होंने भीमराव से कहा–

"कैसी नौकरी करोगे तुम ?"

"सेना की नौकरी।"

पिता ने कहा, "अगर नौकरी करोगे तो उच्च शिक्षा का क्या होगा ?"

पुत्र ने कहा, "बिना नौकरी के आगे पढ़ना सम्भव नहीं है। मैं बी० ए० पास हूँ। अत: मुझे अच्छी नौकरी भी मिल जायेगी। और नौकरी करते हुए मैं प्राइवेट एम० ए० भी कर लूंगा। आप निश्चिन्त रहें मैं उच्च शिक्षा प्राप्त करके ही रहूंगा।"

पिता रामोजी को ऐसे पितृभक्त व दृढ़ निश्चयी पुत्र पर मन ही मन बड़ा गर्व हुआ और उन्होंने भीमराव को नौकरी की अनुमति दे दी।

❄❄❄

4

सेना में भर्ती

सेना में भर्ती होने के लिए भीमराव सीधा सेना के भर्ती कार्यालय जा पहुंचे शारीरिक व बौद्धिक स्तर पर ली गई परीक्षा में सफल हो कर उन्होंने सेना में लेफ्टिनैन्ट के पद का कार्यभार सम्भाला और उन्हें बड़ौदा राज्य जाने की आज्ञा दी गई, भीमराव की खुशी का कोई ठिकाना न रहा। जिस राज्य के महाराज की कृपा से वह बी० ए० की परीक्षा उत्तीर्ण कर पाए थे आज उन्हें उसी राज्य की सेवा का सुनहरा मौका मिल रहा था। बड़ौदा पहुंच कर उन्होंने अपना कार्यभार सम्भाला।

फरवरी 1913 में एक दिन भीमराव को एक तार मिला जिसमें उनके पिता रामोजी की हालत चिन्ताजनक बताई गई थी। और उन्हें तुरन्त घर लौटने को कहा गया था भीमराव अवकाश प्राप्ति प्रार्थना-पत्र लेकर अपने सीनियर अधिकारी के पास जा पहुंचे और अवकाश के लिए प्रार्थना की, लेकिन सीनियर अधिकारी ने साफ इन्कार करते हुए कहा कि सेना के कानून के मुताबिक उन्हें एक वर्ष से पहले अवकाश नहीं दिया जा सकता।

एक ओर कठिनाई से मिली सेना की नौकरी थी तो दूसरी तरफ बीमार वृद्ध पिता। भीमराव के लिए यह एक दुविधा भरी परिस्थिति थी। साथ ही सीनियर ऑफीसर कानून के शिकन्जे में कैद था। वह भीमराव को अवकाश प्रदान नहीं कर सकता था। विवश भीमराव ने नौकरी को त्यागने का निश्चय किया और त्याग-पत्र सीनियर ऑफीसर को देकर भीमराव बीमार वृद्ध पिता की सेवा में हाजिर हो गए। डाक्टरी चिकित्सा भी कोई विशेष मदद न कर सकी। यह रामोजी की आत्मा की शान्ति के लिए ईश्वर से प्रार्थना करने की घड़ी थी। भीमराव को पिता की मौत का झटका लगा और आंसुओं से भरी आंखों में अनायास ही औलाद के लिए अपना सर्वस्व लुटा देने वाले

पिता की छवि लहरा गई। लेकिन क्या किया जाए, मृत्यु तो सबसे बड़ा सच है। जो भी इस धरा पर जन्म लेता है कभी न कभी उसे मरना भी पड़ता है। शायद यही सोच कर भीमराव ने खुद को सम्भाला और आजीविका की सुध ली।

❄❄❄

5

अमेरिका प्रस्थान

एक बार फिर भीमराव के मित्र कैलुस्कर ने पुनः उनकी मदद की। उसने उन्हें फिर महाराज गायकवाड़ के पास जाकर उनसे मदद मांगने की सलाह दी। महाराज के पद पर आसीन व्यक्ति का स्मृति स्तर एक आम व्यक्ति के मुकाबले बहुत सुदृढ़ होता है, उन्होंने पहली ही नजर में भीमराव को पहचान लिया और उनके आने का कारण पूछा तो भीमराव ने कहा कि मैं उच्च शिक्षा के लिए अमेरिका जाना चाहता हूँ, क्या आप इसमें मेरी मदद करेंगे ? भीमराव की उच्च शिक्षा प्राप्ति के लिए दृढ़ इच्छा शक्ति का ही यह फल था कि वह महाराज से मिलने उस समय पहुंचे जब वह पहले से ही कुछ छात्रों को उच्च शिक्षा के लिए अमेरिका भेजने की योजना बना रहे थे। उन्होंने भीमराव का नाम भी उन छात्रों की सूची में सम्मिलित करवा दिया। साथ ही एक करारनामा भी दस्तखत करवाया, जिसमें लिखा था कि शिक्षा पूरी होने के उपरान्त उन्हें स्वदेश लौट कर दस साल तक बड़ौदा राज्य की सेवा करनी होगी।

भीमराव को इस शर्त से कोई आपति न थी। क्योंकि वह तो इस्तीफे से पहले भी सेना में भर्ती होकर बड़ौदा राज्य की सेवा कर ही रहे थे। 4 जून 1913 को भीमराव जलपोत में बैठ कर अमेरिका के लिए रवाना हो गये।

जुलाई 1913 में उन्होंने कोलम्बिया विश्वविद्यालय में प्रवेश प्राप्त किया और राजनीति शास्त्र, मानव विज्ञान, दर्शन शास्त्र, इतिहास, समाज विज्ञान, अर्थशास्त्र की शिक्षा का गहन अध्ययन शुरु किया। यहाँ की जलवायु उन्हें काफी रास आई। साथ ही उन्हें यहाँ का सामाजिक व्यवहार भी अनुकूल लगा, क्योंकि यहाँ ऊँच-नीच, भेद-भाव जैसी कोई भी बात नहीं थी। सब आपस में मिल-जुल कर रहते थे। यहाँ भी उन्होंने अपनी अध्ययनशील प्रवृत्ति का परिचय दिया। वह अपना अधिक समय पढ़ने में ही गुजारते थे। कोई

मित्र पूछता कि आप इतना अधिक क्यों पढ़ते हैं ? भीमरात्र कहते कि भारत से इतनी दूर-दूसरे देश में पढ़ने के लिए ही आया हूँ और वापस जाते समय मैं खाली हाथ नहीं जाना चाहता। इस अल्प समय में मैं अधिक से अधिक ज्ञान ग्रहण कर लेना चाहता हूँ।

भीमराव की इस बात से एक अन्य भारतीय छात्र जो उसी विश्वविद्यालय में पढ़ रहा था, बहुत प्रभावित हुआ। इतना ही नहीं उस विद्यार्थी नवल भटेना ने उन्हें हॉस्टल के अपने कमरे में रहने का निवेदन भी किया। कहा अगर आप मेरे साथ रहेंगे तो पढ़ने में परस्पर अच्छा सहयोग प्राप्त होगा। जबकि नवल भटेना खुद भी प्रथम श्रेणी का छात्र था। विश्वविद्यालय के अध्यापक उसकी काफी प्रशंसा भी किया करते थे, लेकिन भीमराव के प्रभावशाली, अध्ययनशील स्वभाव ने उसे विवश किया कि वह अम्बेडकर को अपने कमरे में रहने का नम्र निवेदन करे। जल्द ही नवल भटेना व अम्बेडकर में अच्छी मित्रता हो गई थी। जैसा कि एक स्वभाव के दो व्यक्तियों में अक्सर हो जाता है। भीमराव का अध्ययन जोर-शोर से चल रहा था। कभी कोई मित्र आकर कहीं घूम आने का आग्रह करता तो वह हंसकर टालते हुए कह देते कि मैं यहाँ टहलने या घूमने-फिरने नहीं आया, मुझे किसी भी कीमत पर अपने स्वर्गीय पिता व खुद के उच्च शिक्षा प्राप्त करने के सपने को, संकल्प को पूरा करना है।

सन् 1915 में कोलम्बिया विश्वविद्यालय से उन्होंने अर्थशास्त्र व समाज शास्त्र की उपाधि प्रथम श्रेणी में उत्तीर्ण कर ली थी। यह सब उनके निरन्तर अध्ययन अथक प्रयास का ही नतीजा था। लेकिन अम्बेडकर इतने भर से कहाँ चुप बैठने वाले थे, वह डाक्टरेट करने की तैयारी करने लगे।

मई 1916 में डा० अम्बेडकर की प्रथम कृति प्रकाशित हुई अमेरिका में एक गोष्ठी का आयोजन हुआ था उसमें डा० अम्बेडकर ने 'भारत में जातियां' शीर्षक से एक लम्बा लेख पढ़ा था। कुछ समय्र बाद वह प्रकाशित भी हुआ।

'कास्ट इन इंडिया' नामक यह निबन्ध शोधार्थी अम्बेडकर ने कोलम्बिया विश्वविद्यालय अमेरिका में एन्थ्रोपोलॉजी विषय के सेमिनार में सन् 1916 में पढ़ा और सन् 1917 में प्रकाशित हुआ। इस निबन्ध में उन्होंने भारत में मनुष्यों की उत्पत्ति जातियों का गठन तथा विकास पर प्रकाश डाला।

डा० अम्बेडकर भारतीय जातिवाद प्रथा के कट्टर आलोचक थे। उनका अटल विश्वास था कि भारतीय समाज की जाति प्रथा ही दलित समाज के साथ हो रहे अत्याचारों का मूल कारण है, अगर भारत में जाति प्रथा व वर्ण प्रथा न होती तो यहाँ सामाजिक एकता होती। वास्तव में उनके समाज के

साथ सवर्णों के हाथों जो व्यवहार होता रहा है उसका उन्होंने भारी विरोध किया।

उनका मानना था कि भारतीय समाज व्यवस्था जिसमें चार वर्ण बनाए गये थे सवर्ण प्रधान थे। यही कारण था कि निम्न वर्णों, विशेषकर जिस निम्न वर्ण से डा० अम्बेडकर सम्बन्धित थे इसी सवर्ण प्रधानता के कारण हीनता का शिकार था। जाति प्रथा के प्रति विद्रोह की भावना उनके मन में प्रारम्भ से ही जड़ जमाए हुए थी।

डा० अम्बेडकर ने भारतीय समाज शास्त्र एवं अर्थशास्त्र के प्रखर प्रश्न उजागर किए। और उन पर विचार सम्मत चर्चा प्रारम्भ की।

सम्पूर्ण जीवन वह जाति प्रथा के उदगम तथा विभिन्न स्वरूपों पर विचार सम्मत तथा प्रगाढ़ अनुसंधान करते रहे। उन्होंने जाति प्रथा के सम्पादन के लिए बड़े ही तर्कयुक्त ढंग से सबको समझाने का बीड़ा उठाया।

उपरोक्त लेख में उन्होंने स्पष्ट किया कि महान विद्वानों द्वारा भारतीय जाति प्रथा को स्पष्ट किए गए लेखों का अभी तक किसी ने भी मूल्यांकन करने का प्रयास नहीं किया है। यह एक महान खेद का विषय है।

विद्वानों ने जाति प्रथा के विषय में जो कुछ लिखा था उसकी समय पर व्याख्या की गई होती तो उन्हें ही नहीं सारे समाज को हमारी जाति प्रथा के विषय में ज्ञान हो जाता। उनका कहना था कि इसका उन्हें बड़ा दुख है कि हमारा समाज इस विषय में अभी तक अनभिज्ञ है। फिर भी डा० अम्बेडकर जाति रूपी संस्था की गहनताओं के प्रति सजग थे तथा उन्हें विश्वास था कि गहन खोज करके जाति प्रथा की जटिलताओं के विषय में जाना जा सकता है। उनका मानना था कि जाति प्रथा एक विकराल समस्या है। इसमें व्यवहार भिन्नता है और इसके व्यावहारिक सिद्धान्तों को सतत चिन्तन से समझा जा सकता है।

वह इसी खोज में पूर्ण आस्था, संकल्प व लगन से जुटे रहे। यह प्रथा इतनी उलझी हुई थी कि इसका समाधान इतना सहज नहीं था। इसके सिद्धान्त बड़े जटिल हैं। तथा इतने उलझने हुए हैं कि उनको सुलझाना कठिन है। इसकी उलझने मात्र सैद्धान्तिक ही नहीं अपितु व्यावहारिक रूप से भी विषाक्त नासूर हैं। जो भीतर ही भीतर हमारे समाज को खोखला किये दे रहा है, लेकिन हमें इसका कोई इलाज नहीं मिल रहा है।

इस विषाक्त नासूर का इलाज अगर जल्द नहीं हुआ तो हमारे समाज का बच पाना भारी पड़ सकता है।

डा० अम्बेडकर आगे चल कर भारतीय समाज की रक्त पवित्रता का विषय अपनाते हैं। उनका मानना है कि भारतीय समाज रक्त पवित्रता का

समाज नहीं है। उनका कहना है कि यहाँ रक्त पवित्रता न होने के कुछ विशेष कारण हैं। परदेशी जैसे आर्य, द्रविड़, मंगोल, शक, हूण जातियों का आगमन। यही नहीं उन्होंने इनके अतिरिक्त अनेक जातियों का हवाला दे कर कहा कि हिन्दू जाति रक्त पवित्र नहीं है। यह सभी जातियां यहाँ आ कर बसी और यहाँ कि सांस्कृतिक धारा में घुल मिल कर एकाकार हो गईं। इस देश के अभिन्न स्वरूप व दर्शन, समाज, जाति के रूप बन गए। विलीन हो गए। इनके एकीकृत स्वरूप से एक नए समाज का जन्म हुआ। अर्थात् यहाँ जाति प्रथा इन विभिन्न आगमनकारियों का संकलित रूप है।

विभिन्न जगहों से लिए गए बिन्दुओं के एकीकृत स्वरूप से अलगाव की बू आती है। उनके विचार में रक्त भेद की दृष्टि से विचार किया जाए तो भारतीय समाज विजातीय है। किन्तु यह एकीकृत स्वरूप सांस्कृतिक रूप से अत्यन्त अभिन्न रूप लिए हुए भी आपस में बुरी तरह गुंथा हुआ है।

उनके विचार में भारतीय समाज भौतिक दृष्टि से ही संगठित नहीं है अपितु यहाँ की सुनियोजित संस्कृति एक रूप, अभिन्न एवं अटूट है तथा सारे भारत में पूर्ण रूप से व्याप्त एवं संचारित है। इस दृष्टि से उनका मानना है कि भारतीय समाज की इस सांस्कृतिक प्रगाढ़ता एवं वैचारिक एकरूपता के कारण ही जाति प्रथा विकराल रूप धारण किए है। जिसकी व्याख्या व विश्लेषण करना कठिन है। इस जाति प्रथा को सुलझाने या समझने के लिए डा० अम्बेडकर भारतीय विचारक डा० केतकर के जाति प्रथा के सैद्धान्तिक विश्लेषण को सही ठहराते हैं। वे कहते हैं जातितन्त्र की व्याख्या जाति प्रथा के आधार पर नहीं की जानी चाहिये। वे मानते हैं कि सजातीय विवाह सम्बन्ध ही जाति प्रथा का मूल कारण है।

उनके विचार से भारतीय जाति प्रथा का विशेष स्वरूप है समाज के विभिन्न हिस्सों को वर्ण व्यवस्था में विभाजित करके रखना जो रीति-रिवाजों विवाह विभिन्नताओं से अटूट रूप से बंधे हुए हैं। इसका विशेष परिणाम सजातीय विवाह की अनिवार्यता है। किन्तु डा० अम्बेडकर यह जानने में सफल नहीं हो सके कि सजातीय विवाह होते ही क्यों हैं, जातियों व चार वर्ण की उत्पत्ति कैसे हुई और इसका ताना-बाना क्यों बुना। उन्हें ऋषि कुलों की पहचान बनाए रखने की प्रथा जिन्हें गोत्र कहते है का परिचायक भी जाति प्रथा को जीवित रखने में अपना विशेष योगदान करते दिखाई देते हैं। गोत्र प्रथा का अर्थ है सगोत्र विवाह की मनाही और अन्य गोत्र के साथ विवाह का प्रावधान। इस प्रावधान का उल्लंघन असम्भव है। इस प्रावधान का कठोरता से पालन किया जाता रहा है तथा स्वगोत्र विवाह को अधर्म की संज्ञा दी है। अन्य गोत्र में ही विवाह धर्म संगत था इसका पालन जाति प्रथा को जीवित

रखने का मूल आधार था।

उनका मानना था कि यदि सगोत्र विवाह तर्क-संगत व धर्म-संगत बनाया जा सके तो समाज के अन्दर व्याप्त सारे भेदभाव समाप्त हो जाएं तथा समाज एक रूप एक जाति समानता वाला, जिसमें न कोई बड़ा न कोई छोटा, ऊंच-नीच, भेद-भाव, तेरा-मेरा की प्रथा दूर हो जाती। हमारे समाज में जातिवाद का मवाद फैलाता नासूर फूट पड़ता तथा हम एक हो जाते।

डा० अम्बेडकर का कहना था कि जाति प्रथा हमारे समाज का एक अत्यन्त घिनौना स्वरूप है। इस जाति प्रथा शब्द मात्र से ही उनका व्यक्तित्व भड़क उठता है उनका मन विद्रोह कर उठता है। किन्तु साथ ही वह वर्ण व्यवस्था का केवल भावनात्मक आधार पर ही विरोध नहीं करना चाहते थे। इसके लिए ठोस सबूत ठोस कारण प्राप्त करना चाहते थे। शायद वह कारण प्राप्त कर भी चुके थे, इसलिए उन्होंने जांच परख के बाद कहा था कि चतुर्वर्ण व्यवस्था हमारे समाज के संगठनात्मक रूप में अत्यंत अव्यावहारिक, घातक एवं असफल व्यवस्था है। इसने हमारे समाज को टुकड़ों में बांट दिया है। इसकी एकरूपता को बहुरूपता प्रदान की है। इतना ही नहीं आपस में भेदभाव, फिरकापरस्ती, असहयोग, असुरक्षा, अलगाव, घृणा की भावना को बढ़ावा दिया है।

उनका मानना था कि जाति आधारभूत सिद्धान्त वर्ण व्यवस्था के आधारभूत सिद्धान्तों से भिन्न है। यह मूल रूप के साथ-साथ तत्व रूप से भिन्न है।

डा० अम्बेडकर ने जाति प्रथा को अनेक रूपों से परखा। वे कहते हैं। कि वर्ण व्यवस्था एवं जाति व्यवस्था मूल रूप से ही परस्पर विरोधी हैं। वह जाति के अलावा गुण का विश्लेषण करते हैं कहते हैं कि यदि सामाजिक व्यवस्था गुण सिद्धान्त पर केन्द्रित की जाए व समाज को गुणों के आधार पर व्यवस्थित किया जाए तो यह भी बहुत सम्भव है कि कोई गुणों के आधार पर निर्धारित उस ऊंचे पद को जन्म के आधार पर प्राप्त कर ले फिर इसका क्या उपचार होगा।

फिर भी वह मानते थे और प्रतिपादित करते थे कि वर्ण व्यवस्था मानव प्रकृति के प्रतिकूल है। उन्होंने वर्ण व्यवस्था या जाति प्रथा को नौकर-मालिक की संज्ञा दी एक को दूसरे पर आधारित बताया। उन्होंने स्वयं कहा कि ब्राह्मण, क्षत्रिय और वैश्य के आपसी सम्बन्ध भी सामंजस्य प्राप्त नहीं थे फिर भी वे मिल कर काम करने में सफल रहे। इस व्यवस्था से तीनों ऊपरी वर्ण के लोगों ने शूद्रों को हर प्रकार से अपने पर आश्रित कर डाला।

वह तीन वर्ण चाहें तो शूद्र भूखों मर जाए। उन्होंने निम्न वर्ण को विद्या तथा व्यापार करने की अनुमति नहीं दी, ताकि वह अपने हितों के लिए सजग

न हो जायें और पूरी तरह उन पर निर्भर रहें। उन्होंने मनु के कानून को भी ललकारा, उनका मानना था कि सामाजिक अधिकारों के सम्बन्ध में मनु संहिता बहुत बदनाम और अविधि संगत हैं। सम्पूर्ण वर्ण व्यवस्था पर अम्बेडकर का चिन्तन गम्भीर चोट करता है इस चोट की गम्भीरता इसलिए भी बढ़ जाती है, क्योंकि स्वयं अम्बेडकर को वर्ण व्यवस्था का अति मार्मिक व गहन अनुभव है।

लन्दन में रहते हुए भीमराव को पल-पल अपमान व दासता का अनुभव होता था। 'ये हमारे दास है' यह अपमान भरे शब्द वहाँ के साधारण से नागरिकों के मुँह पर भी रहते थे। अपने अध्ययन को पूरा करने की विवशता के कारण उन्हें अपमान का यह विष पीना ही पड़ता था। क्योंकि उच्च शिक्षा का प्रबन्ध केवल लन्दन या ऐसे ही विकसित देशों में था।

एक दिन अम्बेडकर लन्दन की सड़क पर जा रहे थे। सामने से आते सी० आई० डी० के इन्सपैक्टर की दृष्टि उन पर पड़ गई। इन्सपैक्टर ने उन्हें वहीं रोक लिया और अपने साथी इन्सपैक्टर को कहा यह एक भारतीय युवक है। भारत में आजकल क्रान्तिकारी आन्दोलन चल रहा है हमारी सरकार के खिलाफ। यहाँ लन्दन में भी इनके कुछ लोग गुप्त रूप से कार्यरत हैं इसको पकड़ कर इसकी तलाशी लो कहीं इसके पास कोई आपत्तिजनक वस्तु न हो।

सिपाही ने भीमराव की तलाशी ली, उन्हें यह अपमानजनक कृत्य चुपचाप सहना पड़ा। विदेश में वह भला और कर भी क्या सकते थे। वह नहीं चाहते थे कि वह कोई ऐसी हरकत करें जो उनकी उच्च शिक्षा के मार्ग में बाधक साबित हो। उस समय तक सावरकर जैसे लन्दन के भारतीय विद्यार्थियों को क्रान्ति का गुरु मन्त्र देने वाले युग दृष्टा पुरुष अण्डमान की जेल में बन्द थे।

सिपाहियों को भीमराव की तलाशी में सिर्फ उनका पासपोर्ट ही मिला। भीमराव जैसे अध्ययनशील विद्यार्थी के पास भला उनको मिलता भी क्या। भीमराव मन ही मन बहुत खुश हुए क्योंकि परदेस में वह किसी भी मुश्किल में पड़ना नहीं चाहते थे।

भीमराव लन्दन में रहकर कानून व अर्थशास्त्र का अध्ययन कर रहे थे। जून 1916 में उन्होंने अपना थीसिस पूर्ण कर परीक्षण के लिए कोलम्बिया विश्वविद्यालय को समर्पित कर दिया था। साथ ही वह अर्थशास्त्र व कानून का अध्ययन सुचारू रूप से रखे हुए थे।

कोलम्बिया विश्वविद्यालय ने 1917 में उन्हें पी० एच० डी० की उपाधी से सम्मानित किया।

जिस समय की यह घटना है उस वक्त लगभग पूरे विश्व में ब्रिटिश लोगों का ही साम्राज्य था। फिर उनके ही देश में रहकर उनकी पैनी दृष्टि से बच पाना भीमराव जैसे छात्र के लिए कहाँ सम्भव था। उनकी सरकार को पूर्णतया विदित था कि भीमराव अम्बेडकर गायकवाड़ छात्रवृत्ति लेकर उच्च शिक्षा प्राप्ति हेतु पहले अमेरिका व अब लन्दन में पढ़ रहा है। वह यह भी जानते थे कि भीमराव को पी० एच० डी० की उपाधि दी जा चुकी है। वह चाहते थे कि अब भीमराव लन्दन में न रहे। उन्हें भय था कहीं विदेश में रह कर उनमें भी क्रान्ति का बीज न जड़ पकड़ ले। यद्यपि अब तक अपने विदेश प्रवास काल में उन्होंने कोई सन्देहास्पद संकेत अपने कृत्यों और रहन-सहन से नहीं दिए थे। लेकिन ब्रिटिश सरकार कोई खतरा मोल नहीं लेना चाहती थी। जल्द ही उनके लन्दन छोड़ देने के उपाय भी कर दिये गये।

अचानक एक दिन भीमराव को बड़ौदा राज्य का एक पत्र प्राप्त हुआ। पढ़ कर उन्हें घोर आश्चर्य हुआ क्योंकि वह भूल चुके थे कि लन्दन पहुंचने से पहले महाराज गायकवाड़ ने जब उन्हें छात्रवृत्ति का आश्वासन दिया था तो एक करारनामे पर दस्तखत भी करवाए थे। जिसका उद्देश्य था कि लन्दन में शिक्षा पूर्ण होने के बाद उन्हें वापस स्वदेश लौट कर दस वर्ष तक बड़ौदा राज्य की सेवा करनी होगी।

सहसा पत्र हाथ में आते ही पिछली सारी भूली-बिसरी बातें एक-एक कर भीमराव के मस्तिष्क पटल पर दृश्य बनकर उभरने लगी। पत्र में स्पष्ट लिखा था कि तुम्हें पी० एच० डी० की डिग्री प्राप्त हो चुकी है अतः तुम सर्वोच्च शिक्षा प्राप्त कर चुके हो, इसलिए आज से छात्रवृत्ति बन्द की जाती है। भीमराव के माथे पर चिन्ता की रेखाएं खिच गई थीं लेकिन यह चिन्ता शर्त पूरी करने की नहीं बल्कि आगे पढ़ने में होने वाली रुकावट की थी। यद्यपि उन्होंने इकोनोमिक्स में एम० ए० भी कर लिया था। लेकिन कानून की पढ़ाई अभी बाकी थी। लेकिन छात्रवृत्ति के अभाव में लन्दन रह कर शिक्षा प्राप्त करना सम्भव नहीं था। परिणाम स्वरूप उन्हें वापस स्वदेश लौटना पड़ा।

❋❋❋

6

कार्यक्षेत्र में कूदे

जून 1917 में भीमराव अम्बेडकर लन्दन को विदा कह कर स्वदेश लौट आए। लेकिन अब उनके नाम के साथ डाक्टर शब्द जुड़ चुका था, वह डा० भीमराव अम्बेडकर कहे जाने लगे थे।

स्वदेश लौट कर वह सीधे बड़ौदा राज्य पहुंचे, अपना करार पूरा करने के अलावा उनके पास कोई विकल्प भी तो नहीं था। पढ़ाई बन्द हो जाने के कारण उनके मन में काफी पीड़ा थी। लेकिन किसी कोने में यह उम्मीद भी थी कि दस वर्ष की ही तो बात है। करार पूरा होते ही वह फिर लन्दन जायेंगे और आगे की पढ़ाई पूरी करेंगे और रुपये कि समस्या पर अपना शोध-पत्र प्रस्तुत करेंगे।

लन्दन से प्रस्थान करने से पहले भीमराव अम्बेडकर ने अपनी सारी पुस्तकें जलपोत द्वारा बम्बई के लिए रवाना करवा दी थीं। पुस्तकों की एक कम्पनी को उन्होंने पुस्तकें बम्बई पहुँचाने का ठेका दे दिया था। इतना ही नहीं पुस्तकों की सुरक्षा को ध्यान में रखते हुए उनका बीमा भी करवाया गया था।

बम्बई शहर में कोई विशेष तब्दीली नहीं आई थी। वही दास देश का बड़ा व्यापारी नगर। न यह अमेरिका के कोलम्बिया जैसा था और न ही इंग्लैंड की राजधानी लन्दन जैसा। बम्बई पहुंचने पर भीमराव को कोई विशेष प्रसन्नता नहीं हुई क्योंकि मन में उच्च शिक्षा की रुकावट की पीड़ा अभी भी सुलग रही थी। किन्तु उनकी पत्नी रमाबाई की खुशी का ठिकाना न था। डा० भीमराव अम्बेडकर के घर पहुंचने पर ही उन्हें विदित हुआ कि उनकी छात्रवृत्ति बन्द कर दी गई इसलिए वह बीच में ही अध्ययन अधूरा छोड़ कर स्वदेश लौटे हैं और आगामी दस वर्ष तक महाराजा बड़ौदा के राज्य में सेवारत रहेंगे।

बड़ौदा का कटु अनुभव

पूरे परिवार में खुशी की लहर लहरा रही थी। सारा परिवार बड़ौदा जाने की तैयारी कर रहा था, तभी अम्बेडकर को उस कम्पनी को सूचना मिली जिसे किताबों को सुरक्षित बम्बई पहुँचाने का ठेका दिया गया था। सूचना में था कि जिस जलपोत में किताबें आ रहीं थी वो समुद्र में डूब गया है।

इस हृदय विदारक समाचार को सुन कर डा० भीमराव अम्बेडकर तो हृदय थाम कर ही रह गये। रमाबाई की तो रुलाई ही छूट गई। जिसे सुन कर उनके पड़ोसी उनके घर पर एकत्रित हो गए। रमाबाई के रोने का कारण जान कर उन्हें भी उनके प्रति सहानुभूति होने लगी।

डा० अम्बेडकर खुद को सम्भाल कर बड़ौदा जाने की तैयारी में लग गए। कुछ समय पश्चात् उन्हें ख्याल आया कि उनके पास तो कानी-कौड़ी भी नहीं है और इस हालत में वह बड़ौदा कैसे जा सकते थे। सारी स्थिति उन्होंने अपनी धर्म पत्नी रमाबाई के आगे स्पष्ट कर दी। पतिव्रता पत्नी ने पति को चिन्ता में देखा तो तुरन्त ही गले का स्वर्ण हार उतार कर डा० अम्बेडकर के हाथों में देकर कहने लगी, इसे गिरवी रख कर रुपया उधार ले लीजिये वेतन मिलने पर धीरे-धीरे उधार चुका कर छुड़वा लेंगे।

भीमराव इस कार्य के लिए बिल्कुल भी तैयार नहीं हुए। पत्नी का आभूषण बेच कर बड़ौदा जाने को उनका मन नहीं मान रहा था। पत्नी ने उनकी हट देख कर समझाया, "हमारा बड़ौदा समय पर पहुंचना आवश्यक है और घर चलाने के लिए भी तो रुपयों की आवश्यकता रहेगी। फिर तनख्वाह भी एक मास के उपरान्त ही मिलेगी। आप निसंकोच इस हार को गिरवी रख कर रुपयों का इन्तजाम कर लें।" दोनों इस समस्या का समाधान अभी खोज ही रहे थे कि तभी उनके नाम दो हजार रुपये का मनीआर्डर आ गया। संकट की घड़ी में दो हजार रुपये का मनीआर्डर पाकर उनकी खुशी का कोई ठिकाना ही न था। पोस्टमैन से पूछने पर पता चला कि यह दो हजार रुपये लन्दन की टौमस बुक कम्पनी ने उन किताबों के बीमे की राशी के रूप में भेजे हैं जो समुद्र में डूब गईं थीं।

संकट की घड़ी टल चुकी थी। भगवान ने डा० अम्बेडकर को एक भारी दुविधा से उबार लिया था। पाँच सौ रुपये लेकर भीमराव ने पहले स्वयं ही बड़ौदा जाने का फैसला किया ताकि रहने की व्यवस्था ठीक से की जा सके। पन्द्रह सौ रुपये रमाबाई को घर के खर्च के लिए दिये। डा० भीमराव अम्बेडकर ने बड़ौदा को रवाना होने से पहले ही कार्यालय को अपने बड़ौदा के लिए चलने की खबर भिजवा दी थी। महाराज बड़ौदा को जब यह खबर

मिली तो उन्हें प्रसन्नता हुई। उन्होंने डा० भीमराव अम्बेडकर का रेलवे स्टेशन पर भारी स्वागत करने को कहा।

किन्तु राजकर्मचारियों को जब यह विदित हुआ कि डा० अम्बेडकर का सम्बन्ध महार जाति से है तो उन्होंने उनके स्वागत को जाने का विचार त्याग दिया। फलस्वरूप डा० अम्बेडकर जब रेलवे स्टेशन रेलगाड़ी से उतरे तो स्वागत के लिए किसी को न पाकर हैरान हुए, फिर खुद ही पैदल राजमहल की ओर चल दिये। राजमहल पहुंच कर उन्होंने एक दरबारी के हाथों अपने आने की सूचना महाराज तक भिजवाई। महाराज ने उन्हें बुलवाया आमना-सामना होते ही डा० भीमराव ने सबसे पहले महाराज के चरण स्पर्श किये। महराज ने उन्हें अनेक आशीर्वाद दिये।

आरम्भिक औपचारिकताएं पूर्ण कर महाराज की आज्ञा से डा० भीमराव अम्बेडकर ने बड़ौदा के सैन्य सचिव का कार्य भार अपने कन्धों पर ले लिया।

आखिर डा० अम्बेडकर की उच्च शिक्षा व योग्यता रंग लाई और उन्हें सैन्य सचिव जैसी सम्मानित नौकरी व दो सौ रुपये माहवार की बड़ी तनख्वाह मिलने लगी। लेकिन जैसा ऊंचा पद था व जैसी अच्छी तनख्वाह थी वैसा ही परिश्रम तथा वैसा ही उतरदायित्व भी था। डा० भीमराव को दिन के 24 घन्टों में से लगभग अठारह घन्टे रोज काम करना पड़ता था।

डा० अम्बेडकर के सैन्य-सचिव का पद सम्भालते ही सेना में नये जीवन का नये जोश का संचार हो गया था। सभी पदाधिकारी नई कार्य प्रणाली से बेहद प्रसन्न थे। सेना व सेना सचिव का कार्य अपनी धाराओं में निर्विघ्न प्रवाहमान था। लेकिन भीमराव का जीवन शुरू से ही विघ्न बाधाओं से परिपूर्ण रहा था। भला शान्त व सुव्यवस्थित जीवन उन्हें कैसे रास आ सकता था।

महार कुल में जन्म लेना एक साए की तरह उनका पीछा कर रहा था। धीरे-धीरे पूरे बड़ौदा में यह बात फैल गई कि उनका सेना सचिव महार जाती का है।

स्वयं महाराज को सारी सच्चाई का इल्म था, लेकिन राजकर्मचारी व राजघराने के अन्य सदस्यों के सामने तो यह सच्चाई अब आ रही थी और वह इस सच्चाई पर प्रतिक्रिया भी करने लगे थे। कुछ समय बाद ही डा० अम्बेडकर ने महसूस किया कि साधारण-सा चपरासी उनसे छूने के डर से फाइलें दूर से ही उनकी मेज पर फैंक देता था। बाकी साथी कर्मचारी भी उन्हें देख कर नाक-भौं सिकोड़ने लगते थे।

उन्हें समझते देर न लगी यह छुआछूत का प्रेत यहाँ के निवासियों के सिर चढ़ कर नाचने लगा है। डा० अम्बेडकर ने इस ओर ध्यान न देते हुए अपना कार्य सुचारू रूप से चालू रखा। लेकिन मन ही मन उन्हें काफी क्रोध

भी आया।

अछूतोद्धार का संकल्प

डा० अम्बेडकर ने वहीं बड़ौदा में रहते हुए दूसरा संकल्प किया। अछूतोद्धार करने का। पहला संकल्प उच्च शिक्षा प्राप्त कर उच्चता प्राप्त करना, यह तो वह पूर्ण कर ही चुके थे। इस तरह कुछ समय बीता। एक दिन एक घटना घटी डा० अम्बेडकर ने चपरासी को पानी लाने को कहा। पहले चपरासी यूं ही बहाने बनाता रहा जब डा० अम्बेड र ने जोर देकर उसके बहानों का कारण पूछा तो चपरासी ने खुले शब्दों में कहा कि, "सर! शूद्रों को पानी पिलाने के लिए हमारे कार्यालय में कोई प्रबन्ध नहीं है।"

ऐसे अपमानजनक शब्द सुनकर डा० अम्बेडकर सकते में आ गए। ऊपर की साँस ऊपर व नीचे की साँस नीचे वाली स्थति में जा पहुंचे थे वह। मन ही मन सोच रहे थे कमाल है महार होना मनुष्य होना भी नहीं समझा जाता। उनका मन इस नौकरी व वहाँ के लोगों से ऊब चुका था। दस साल तक बड़ौदा सरकार की सेवा करने के करार पर उन्होंने दस्तखत किए थे। लेकिन इन हालातों में इस पद पर या बड़ौदा में उनके लिए दस मिनट तक टिकना भी मुश्किल था। कभी उनका मन नौकरी की ओर जाता तो कभी इस्तीफे की ओर।

इतना ही नहीं जब डा० अम्बेडकर मेस में खाना खाने जाते तो उनके टेबल पर बैठ कर खाना, खाना तो दूर कोई भी उनको देखना तक नहीं पसंद करता था।

यहाँ तक कि प्रजा ने डा० भीमराव के साथ-साथ महाराज को भी कोसना प्रारम्भ कर दिया था। वह इस गलत फैसले के लिए महाराज को दोषी मानते थे। यह सब बातें भीमराव से छुप नहीं पाती थीं। उन पर इन बातों का बुरा प्रभाव पड़ता था। किन्तु करार के जरिये किये वादे को तो उन्हें निभाना ही था। वह सब बातें भूल कर वह फिर कर्त्तव्य-पथ पर चलने लगे।

भीमराव का बड़ौदा में रहने का प्रबन्ध अस्थायी तौर पर ही था। स्थाई प्रबन्ध के लिए कोई विशेष कार्य नहीं किया गया था। भीमराव मकान की तलाश में जहाँ भी जाते पहले उन्हें इसी प्रश्न का सामना करना कि वह किस जाति व किस गोत्र से सम्बन्ध रखते हैं।

डा० भीमराव झूठ बोलना नहीं चाहते थे। और सच बोलने का परिणाम भी वह जानते थे। जिस कारण उन्हें कहीं भी निवास नहीं मिला। कोई भी उन्हें अपना किरायेदार तक रखने को तैयार नहीं था। बिगड़ते हालात को देख

कर डा० भीमराव नाम बदल कर एक सराय में रहने लगे लेकिन इतने पढ़े लिखे व इतने ऊंचे पद पर कार्यरत व्यक्ति की असलियत ज्यादा समय तक नहीं छुप सकती थी। सच्चाई सामने आते ही उनका रहने का आखरी सहारा भी जाता रहा।

उस दयनीय स्थिति में डा० भीमराव ने महाराज के नाम एक पत्र लिखा। मैं इतने दिन से बड़ौदा में हूँ लेकिन अभी तक उनके पास रहने का स्थाई स्थान नहीं है।

कार्यालय में चपरासी फाइलें मेज़ पर फेंक जाता है। जब फाइलें ले जाने की बारी आती है तो फाइल लेते समय हाथ इतना नीचे कर दिया जाता है कि फाइल नीचे गिर पड़ती है। प्यास लगने पर मुझे पानी नहीं पिलाया जाता, क्योंकि कार्यालय में अछूतों को पानी पिलाने का प्रबन्ध नहीं है। यहाँ तक कहा जाता है कि मैं अपना पानी घर से लाया करुं क्योंकि मेरे छूने से पानी अपवित्र हो जाएगा। भला इस विकट परिस्थिति में मैं यहाँ किस तरह रह सकता हूँ और किस प्रकार राज्य की सेवा कर सकता हूँ।

अपना पत्र लेकर डा० अम्बेडकर स्वयं महाराज के सम्मुख जा उपस्थित हुए। पत्र पढ़ कर महाराज अचरज में पड़ गये और उन्होंने डा० अम्बेडकर को दीवान साहब से मिलने को कहा। यह भी कहा कि वह तुम्हारी सभी समस्याओं का हल करेंगे।

डा० अम्बेडकर के मुख से सारा हाल सुनकर दीवान साहब ने अपने हाथ खड़े कर लिए। उन्होंने कहा, "यह सामान्य समस्या नहीं है बल्कि एक बड़ा ही गम्भीर मामला है।" मैं कुछ भी करने में असमर्थ हूँ। मुझे समाज में रहना है भला मैं प्रजा का विरोध कैसे कर सकता हूँ। डा० अम्बेडकर ने कहा, "कम से कम रहने का तो इन्तेजाम कर ही दीजिए।" दीवान साहब ने स्पष्ट इन्कार कर दिया कहा, "महार को कोई अपने निवास में जगह नहीं देगा। हाँ आप चाहें तो मैं पानी की व्यवस्था कर सकता हूँ।" तो डा० अम्बेडकर बोले, "बाकी तो मैं चला लूंगा कृपा आप रहने की जगह का इंतेजाम कर दीजिये।" इस बार भी दीवान का सर नहीं की मुद्रा में ही घूमा। उन्होंने कहा, "यह तो मेरे लिए सम्भव नहीं।"

डा० भीमराव असमंजस में पड़ गये कि अब क्या करें। आखिर कुछ देर पश्चात् उन्होंने अपना त्याग-पत्र दीवान साहब के हाथों में पकड़ा दिया।

मुम्बई वापसी

देखते ही देखते डा० भीमराव के लिए बड़ौदा पराया सा हो गया।

त्याग-पत्र देने के अलावा वह और कर भी क्या सकते थे। डा० अम्बेडकर ने करारनामे की शर्त को पूरा करने में कोई कसर नहीं उठा रखी थी। सैन्य सचिव का पद सम्भाला, अठ्ठारह घन्टे जब तक पद पर रहे काम किया। लेकिन जब वहाँ की जनता व कार्यालय के साथियों ने उनका विरोध किया उन्हें अछूत कह कर उनको अपमानित किया तब डा० अम्बेडकर ने महाराजा गायकवाड़ से सारा हाल कहा। महाराजा ने समस्या का समाधान कराने के लिए उन्हें दीवान साहब के पास भेजा लेकिन दीवान साहब ने खुद को मजबूर बतला कर अपने हाथ खड़े कर दिये। तब विवश होकर डा० अम्बेडकर ने त्याग-पत्र दे दिया व बम्बई के लिए रवाना हो गए। घर पहुंच कर फिर वही रोजी-रोटी की समस्या का उन्हें सामना करना पड़ा। यहाँ शायद बड़ौदा के मुकाबले छुआछूत का बोलबाला कुछ कम था।

यहाँ उनका मित्र कैलुस्कर भी था। वह पढ़ लिख कर डाक्टर बन गया था। पहले की ही तरह इस बार भी उसने डा० भीमराव की मदद करने की सोची। वह उनका एक अच्छा मित्र था। अच्छे मित्र की तरह वह उन्हें खूब सम्पन्न व खुश देखना चाहता था और इसके लिए वह प्रयासरत भी था।

उन्हीं दिनों बम्बई के सैंडहर्स्ट कॉलेज में अर्थशास्त्र के प्राध्यापक का स्थान रिक्त था। डा० अम्बेडकर की मदद को आतुर कैलुस्कर को अपने विशिष्ट साथियों से मालूम हुआ कि सैंडहर्स्ट कॉलेज ऑफ कामर्स में प्राध्यापक का पद रिक्त है। वह तुरन्त ही डा० अम्बेडकर के पास पहुंचे व उन्हें एक प्रार्थना-पत्र तैयार करने को कहा। मित्र के इस व्यवहार से चकित डा० अम्बेडकर मुँह से कुछ न कह सके, केवल यन्त्रवत जो उन्होंने कहा करते रहे। वह जानते थे कि कैलुस्कर उनका सच्चा मित्र है और वह सदा उनके काम ही आता रहा है।

कैलुस्कर यह सुनहरी मौका नहीं खोना चाहता था। उसी समय वह डा० अम्बेडकर को साथ ले कर कॉलेज के प्राचार्य के कक्ष में जा पहुंचा। और प्रार्थना-पत्र प्राचार्य के हाथों में देकर डा० अम्बेडकर ने उनका साक्षात्कार भी करवा दिया। डा० अम्बेडकर की काबलियत व कैलुस्कर की सिफारिश के चलते डा० अम्बेडकर को उसी समय नियुक्ति पत्र देकर कॉलेज में अर्थशास्त्र का प्राध्यापक नियुक्त कर दिया गया। यह एक ईसाई कॉलेज था। लिहाजा डा० का महार होना उनके पग की बेड़ी नहीं बन सका। भीमराव की गृहस्थी की गाड़ी एक बार फिर चल पड़ी।

उन्होंने कॉलेज में शिक्षा देना आरम्भ कर दिया। यहाँ डा० भीमराव अम्बेडकर का विदेश में पढ़ना काम आया। वह छात्रों को तुलनात्मक अध्ययन

के माध्यम से शिक्षित करने लगे। छात्रों को भी दोहरा लाभ होने लगा वह कॉलेज में छात्रों के प्रिय अध्यापक बन गए। जल्द ही वह पूरे कॉलेज में विख्यात हो गये। हालांकि उनके महार होने की बातें यहाँ भी उठने लगी थीं लेकिन ईसाई कॉलेज होने के कारण उन्हें किसी विशेष समस्या का सामना नहीं करना पड़ा।

धीरे-धीरे लेकिन वही समस्याएं उन्हें फिर से घेरने लगीं। हुआ यूं कि एक दिन भीमराव को मिट्टी के घड़े से पानी निकाल कर पीते हुए संयोगवश कॉलेज में गुजराती की शिक्षा देने वाले अध्यापक ने देख लिया। उसने इस हरकत पर उन्हें टोका भी। उन्होंने कहा कि उन्हें मिट्‌टी के घड़े से स्वयं जल नहीं लेना चाहिये था वह अछूत हैं। पानी किसी से मांगा भी जा सकता था। यह अशुद्ध जल अब हम कैसे पी सकते हैं।

मन मसोस कर रह गये डा० अम्बेडकर। पग-पग पर अपमान सहना अम्बेडकर के लिए कठिन होता जा रहा था। इस छुआछूत भरे वातावरण में दम घुटता था उनका, किन्तु धन उपार्जन का कोई और जरिया नहीं था। इसलिए वह यह नौकरी नहीं छोड़ सकते थे। 1917 में उन्होंने महाराजा बड़ौदा के यहाँ सैन्य सचिव के पद से त्याग-पत्र दिया था। यह उनका सौभाग्य था जो उन्हें बम्बई में नौकरी मिल गई थी कुछ समय वह खाली भी रहे। उसी दौरान उन्होंने 'स्माल होलडिंग्स इन इंडिया एण्ड देयर रेमेडिज' नामक पुस्तक लिखी व इस तरह वह लेखकों की दुनिया में प्रवेश कर गये। 'कास्ट इन इंडिया' भी 1917 में ही उन्होंने लिखी।

अपनी इस रचना में उन्होंने भारत की आर्थिक उन्नति के लिए कृषि सुधार व औद्योगिकीकरण को आवश्यक बताया है। उन्होंने कहा पहले हमें उद्योगों का विस्तार करना चाहिये फिर कृषि योग्य भूमि की चकबन्दी करनी चाहिये। इस तरह यह दोनों परस्पर पूरक सिद्ध होंगे। और हमारे राष्ट्र को आर्थिक उन्नति के नए आयाम प्राप्त होंगे।

अम्बेड़कर उस समय तक सिर्फ अम्बेडकर थे उनके नाम के आगे डाक्टर शब्द नहीं जुड़ा हुआ था। और न ही वह दलितों के नेता ही थे। शायद इसलिए उनके इन विचारों पर किसी ने भी ध्यान नहीं दिया। शायद एक कारण यह भी रहा हो कि उस समय भारत में ब्रिटिश राज था। वह अम्बेडकर के सहायक भी रहे। लेकिन उनके विचारों को ठोस रुप देने पर उन्होंने भी कभी विशेष ध्यान नहीं दिया था। 1950 में भारत को ब्रिटिश गुलामी से आजादी मिलने पर अम्बेडकर की इस विचारधारा को शासकीय रूप व ढांचे में ढाला गया और उनके क्रियान्वयन की और कदम बढ़ाए गये।

❋❋❋

7

दलित जागरण

सन् 1918 में डा० अम्बेडकर ने साउथ वोरो कमीशन के समक्ष प्रत्यक्ष मताधिकार को लेकर अपने विचार रखे। साथ ही उसी वर्ष सैंडहर्स्ट कॉलेज में उन्हें अर्थशास्त्र व राजनीतिशास्त्र के प्रोफेसर के पद का कार्यभार भी सौंपा गया।

विकट वातावरण के बावजूद भी डा० अम्बेडकर का सैंडहर्स्ट कॉलेज में शिक्षा प्रदान करने का कार्यक्रम सुचारू रूप से चलता रहा। अछूत समस्या प्रेत बन कर उनके पीछे पड़ी थी। उन्होंने इस समस्या से निपटने के लिए एक साप्ताहिक के प्रकाशन का विचार बनाया। आर्थिक रूप से वह अब कुछ स्वतन्त्र हो गये थे। 1920 में उन्होंने 'मूक नायक' साप्ताहिक का प्रकाशन बम्बई में ही किया।

उन्हीं दिनों इधर कोल्हापूर में वहीं के छत्रपति साहू महाराज अपने राज्य में अछूतों के उद्धार के लिए आन्दोलनरत थे। उनके आन्दोलन का मुख्य विषय दलितों को शिक्षा प्रदान कर सामाजिक रूप से उन्हें योग्य बना कर उन पर हो रहे अत्याचारों को मिटाना था। छत्रपति साहू महाराज जाति व्यवस्था तथा पण्डा-पुजारियों व ब्राहमणों के प्रभुत्व से उन्हें मुक्त करना चाहते थे। लेकिन एक कहावत है कि समाज सुधार पहले घर से ही शुरू किया जाना चाहिये। उन्होंने इसी कहावत को चरितार्थ करते हुए बहुत से अछूत व दलितों को अपने प्रशासन में स्थान दिया। वकालत करने के प्रमाण-पत्र भी दिये। इतना ही नहीं छत्रपति महाराज उनके साथ सार्वजनिक रूप से बैठ कर भोजन भी किया करते थे। साथ ही उन्होंने दलित छात्रों के लिए निशुल्क शिक्षा आवास व भोजन की भी व्यवस्था की थी।

एक मंजिल के दो मुसाफिर अलग-अलग कैसे चल सकते हैं. इसीलिए सन् 1919 में भीमराव का सम्पर्क साहू जी से हुआ। अम्बेडकर का परिचय श्री दत्तोबा पवार ने ही महाराज साहू से करवाया था। अम्बेडकर से मिल

कर व उनके उत्साह को देख कर महाराज प्रसन्न हुए। 31 जनवरी 1920 में अम्बेडकर ने उनके साथ मिल कर 'मूक नायक' का प्रकाशन शुरू किया।

'मूक नायक' के सम्पादन का कार्य अकोला जिले के केलाव्ली ग्राम निवासी श्री पाण्डुरंग नन्दराम भारकर को सौंपा गया था।

डा० अम्बेडकर इस बात से भी परिचित थे कि अभी हिन्दू समाज की बुराइयों पर पूर्ण प्रहार कर उन्हें ध्वस्त नहीं किया जा सकता। क्योंकि इस कार्य के लिए उनके शस्त्रागार में सशक्त व अचूक अस्त्रों की कमी थी। वह स्वयं को समाज में स्थापित करने में लगे थे।

21 मार्च, 1920 में कोल्हापुर राज्य के मांण ग्राम में दलितों की एक सभा हुई। सभा की अध्यक्षता डा० अम्बेडकर ने की। इस सभा में स्वयं साहू महाराज ने भी भाग लिया और डा० अम्बेडकर के नेतृत्व की प्रशंसा किये बगैर न रह सके।

मई 1920 में नागपुर में अखिल भारतीय बहिष्कृत परिषद् की स्थापना की गई। साहू महाराज ने उस परिषद् की अध्यक्षता की। कहा जाना चाहिये, इस परिषद् ने दलित आन्दोलन को एक नया मोड़ दिया। यही वह मंच था जिससे डा० अम्बेडकर ने अछूतों की दृष्टि को पहले से चल रहे डिप्रेस्ड क्लासेज मिशन से हटा कर अपनी ओर मोड़ने में सफलता प्राप्त की।

❄❄❄

8

लन्दन वापसी

लन्दन में अधूरी छूटी कानून की शिक्षा की याद उनको अक्सर बेचैन कर देती थी, मन ही मन, तड़प उठते थे। डा० अम्बेडकर की कानून की शिक्षा पूर्ण करने व आगे की शिक्षा प्राप्त करने की इच्छा दिन-ब-दिन बलवती होती जा रही थी। लेकिन खाली सोचने से क्या होता है। कम से कम दस हजार रुपयों की आवश्यकता थी उन्हें लन्दन पहुँचने के लिए। तनख्वाह से रुपये जोड़-जोड़ कर उन्होंने पाँच हजार की पूंजी तो जमा कर रखी थी। लेकिन और पाँच हजार की उन्हें आवश्यकता थी।

हमेशा की तरह यहाँ भी मित्र कैलुस्कर उनके काम आया। उसने डा० अम्बेडकर को कहा कि वह पाँच हजार रुपये अपनी पत्नी रमाबाई को घर खर्च के लिए भेज दें व पूरे दस हजार रुपये मुझ से लेकर लन्दन चला जाये। डा० अम्बेडकर ने मित्र कैलुस्कर का सुझाव स्वीकार कर लिया। इसी बीच नवल भटेना डा० अम्बेडकर का लन्दन वाला रुममेट भी अब बम्बई आ गया था। उसके सुझाव पर डा० भीमराव ने महाराजा बड़ौदा से प्रार्थना की कि मैं कानून की शिक्षा पूर्ण करने के लिए फिर से लन्दन जाना चाहता हूँ। अगर आप मेरी कुछ आर्थिक सहायता कर सकें तो आपकी बड़ी कृपा होगी।

महाराजा बड़ौदा ने उन्हें 5 हजार रुपये नकद भेजे व पूर्वानुसार मासिक छात्रवृत्ति देना भी स्वीकार कर लिया। बड़ौदा महाराज द्वारा भेजे गये पाँच हजार डा० अम्बेडकर को मिल जाने पर नवल भटेना ने भी उन्हें पाँच हजार की रकम दी।

भीमराव ने लन्दन जाने की तैयारी कर ली थी। पासपोर्ट बनते ही जलपोत में सवार हो वह लन्दन जा पहुंचे। यहाँ पहुंच कर डा० अम्बेडकर ने 'लन्दन स्कूल ऑफ इकोनोमिक्स एण्ड पॉलिटिकल साइंस' में प्रवेश लेने के बाद

ग्रे इन में कानून की शिक्षा प्राप्ति के लिए प्रवेश ले लिया। यहाँ एक अंग्रेज उनका अच्छा मित्र बन गया। वह एक सम्पन्न परिवार से सम्बन्ध रखता था। वह समय-समय पर डा० अम्बेडकर की आर्थिक रूप से मदद भी किया करता था। छात्रवृत्ति भी लगातार मिल रही थी कुल मिला कर उनकी आर्थिक स्थिति काफी अच्छी थी। किसी वस्तु या पुस्तक की उन्हें आवश्यकता होती तो वह बेझिझक खरीद लेते थे।

जून 1921 में भीमराव अम्बेडकर ने लन्दन विश्वविद्यालय को अपने एम० ए० के लिए शोध प्रबन्ध प्रस्तुत किया। जिसे सहर्ष स्वीकार भी कर लिया गया। और उन्हें स्नातकोत्तर की उपाधि भी दी गई।

इधर बड़ौदा में डा० भीमराव को भेजी जाने वाली छात्रवृत्ति के विरोध में गुप-चुप बातें होने लगी। अचानक कुछ समय के लिए छात्रवृत्ति बन्द भी हो गई। एक पत्र द्वारा जब महाराज को छात्रवृत्ति बन्द होने की सूचना मिलने पर उन्होंने छान-बीन करवाई तो पता चला किसी ने षडयन्त्र करके यह काम किया था। महाराज ने छात्रवृत्ति पुनः चालू कर दी, फिर डा० भीमराव को आर्थिक परेशानी नहीं हुई।

समय पर उन्होंने कानून की परीक्षा भी उत्तीर्ण की। उन्हें लन्दन में अर्थशास्त्र डी० लिट्० की उपाधि भी प्राप्त हुई लेकिन उच्च शिक्षा प्राप्ति की उनकी प्यास अभी शान्त नहीं हुई थी। कुछ अन्य अध्ययन के लिए वह जर्मन चले गये। वहाँ बौन विश्वविद्यालय में सन् 1922 से सन् 1923 तक अध्ययनरत रहे। यहाँ भी उनके अध्ययन का विषय अर्थशास्त्र ही था।

इस विचारणीय विषय में उनका शोध प्रबन्ध रुपये की समस्या (प्रॉब्लम ऑफ द रुपी) बड़ा चर्चित रहा। सभी ने उसकी प्रशंसा भी की। और विदेशी कम्पनी ने उसको प्रकाशित भी किया। 1922 के अक्टूबर मास में लन्दन विश्वविद्यालय में डा० ऑफ पॉलिटिकल साइन्स के लिए प्रस्तुत किया। 1923 में यह प्रबन्ध पुस्तक के रूप में पाठकों के समक्ष भी रखा गया था।

अपने इस शोध प्रबन्ध में अम्बेडकर ने बताया कि ब्रिटिश सरकार ने भारतीय मुद्रा अर्थात् रुपये को पौंड से सम्बद्ध करके अपने लिए अतिलाभ की प्राप्ति का मार्ग प्रशस्त कर लिया है। लेकिन इसका यह परिणाम हो रहा है कि भारतीय धन का प्रवाह ब्रिटिश शासकों और धनिकों की तिजोरियों की तीव्रता से हो रहा हैं। अतः भारतीय जनता निर्धनता की चपेट में आ गई है।

अम्बेडकर के इस प्रबन्ध को सुन कर ब्रिटिश सरकार का नजरिया उनके

प्रति तेजी से बदला। उन पर अभी तक कृपा बन बरसने वाली दृष्टि कोप की अग्नि बन कर गिरने लगी। ब्रिटिश सरकार के इस रवैये के परिणामस्वरूप उन्हें डाक्ट्रेट नहीं दिया गया। डा० अम्बेडकर को डाक्टरेट तो आवश्यक पाना ही था फिर कुछ समझौते के बाद डा० भीमराव को डाक्टरेट दे दिया गया।

'हिस्ट्री ऑफ इन्डियन करेन्सी एण्ड बैंकिंग भाग-1' के शीर्षक से यह प्रबन्ध सन् 1956 में प्रकाशित हुआ।

❇❇❇

9

वकालत आरम्भ

अध्ययन पूर्ण कर डा० अम्बेडकर लन्दन व बौन से वापस लौट आए। सहायता के लिए सदा तत्पर मित्र कैलुस्कर व नवल भटेना ने उनका गर्म जोशी से स्वागत किया।

अब समस्या थी वकालत के अभ्यास को शुरू करने की। कानून की परीक्षा तो वह उत्तीर्ण कर आए थे लेकिन कानूनन वकालत का अभ्यास करने के लिए सरकार द्वारा प्रमाण-पत्र (लाइसेन्स) लेना पड़ता है और उसके लिए कुछ शुल्क भी जमा करना पड़ता है। भीमराव के पास तो सदा ही धन का अभाव रहता था।

जब यह समस्या मित्र नवल भटेना व कैलुस्कर के कानों में पड़ी तो वह दोनों सहर्ष डा० अम्बेडकर की सहायता के लिए तैयार हो गए और उन्होंने मिल कर वकालत के प्रमाण-पत्र का शुल्क जमा करवा दिया।

डा० भीमराव अम्बेडकर को जल्द ही प्रमाण-पत्र भी मिल गया। उन्होंने अपने बल पर ही बम्बई की 'हाईकोर्ट ऑफ जुडिकेचर' में स्वतन्त्र वकालत आरम्भ कर दी। उन्होंने किसी अनुभवी वकील के नीचे काम करने की परम्परा को भी तोड़ा क्योंकि उनके पास गहन अध्ययन और उससे प्राप्त अथाह ज्ञान का विशाल भंडार था। फिर भला उन्हें किसी अनुभवी वकील की बैसाखी की क्या आवश्यकता थी।

भीमराव ने निश्चय किया कि वह कम से कम फीस लेकर मुकदमे लड़ेंगे। यह उनके ज्ञान का परिणाम था कि वो जो भी मुकदमा हाथ में लेते उसमें उन्हें अवश्य ही विजय प्राप्त होती।

भांति-भांति के मुकदमे व उन पर वाद-प्रतिवाद यही न्यायालयों की पहचान है। उच्च न्यायालय में निम्न न्यायालायों की अपेक्षा कम मुकदमे लड़े जाते हैं। सिर्फ वही मुकदमे उच्च न्यायालय तक पहुंचते हैं, जिनमे निम्न न्यायालय कानूनी नुक्ते के कारण ऐसा-वैसा फैसला दे देता है। या मुकदमे

से सम्बन्धित लोग उस फैसले को सही नहीं मानते। ऐसी स्थिति में उच्च न्यायालय के वकीलों को अधिक परिश्रम करना पड़ता है। क्योंकि उन्हें केस को अच्छी तरह समझ कर वह कानूनी नुक्ता निकालना होता है। जिसका उपयोग निम्न न्यायालय के वकील ने उस केस को झूठा साबित करने के लिए प्रयोग किया था। डा० अम्बेडकर ने इस विद्या में निपुणता प्राप्त कर ली थी।

वकालत आरम्भ करने के कुछ समय पश्चात् एक विचित्र मुकदमा डा० भीमराव अम्बेडकर जी के पास आया। मुकदमे की विचित्रता यह थी कि तीन अछूत लेखकों ने एक पुस्तक लिखी थी। पुस्तक में लिखा था देश का ब्राह्मण वर्ग ही देश में व्याप्त छुआछूत की समस्या का असली कारण है यह ब्राह्मण ही देश को पतन के गर्त में दफन कर देना चाहते हैं। उन्होंने अछूतों को मनुष्येतर प्राणी घोषित कर उनका बहिष्कार किया है। इतना ही नहीं पुस्तक में यह भी लिखा है कि ब्राह्मणों का कहना है कि अछूतों को सड़कों आदि की सफाई प्रातः मुँह अंधेरे ही कर लेनी चाहिये। जिससे कि प्रातःकाल होने पर लोगों के सम्मुख न पड़ें।

यह विचित्र मुकदमा सेशन जज के न्यायालय में चल रहा था। ब्राह्मणों ने उन लेखकों पर मानहानि का दावा दायर किया हुआ था। अम्बेडकर को जब इस मुकदमे के विषय में ज्ञात हुआ तो उन्होंने यह मुकदमा अपने हाथों में ले लिया। लेखकों ने जब उनसे उनके पारिश्रमिक के बारे में पूछा तो डा० अम्बेडकर ने कहा जो कुछ आप देंगे मैं वही स्वीकर कर लूंगा। तीनों अछूत लेखकों को यह बात सुन कर प्रसन्नता हुई और उन्होंने पूरी कोशिश करके अधिक से अधिक जितना वह कर सकते थे। पारिश्रमिक डा० भीमराव को दिया।

मुकदमा सेशन कोर्ट में आरम्भ हुआ। पहले दिन की कार्यवाही में दोनों पक्षों की ओर से अपने-अपने साक्ष्य पेश किये गये। दूसरी तिथि आई तो उस अवसर पर दोनों ओर के साक्षियों से जिरह की गई। दोनों ओर के वकीलों ने अपने-अपने पक्ष के समर्थन में तर्क और प्रमाण प्रस्तुत किये। तीसरी तारीख पर तीनों प्रतिवादियों को अपना स्पष्टीकरण देने के लिए बुलाया गया। उसमें उन्होंने कहा कि उन्होंने पुस्तक लिख कर किसी प्रकार का कोई अपराध नहीं किया है। चौथी तारीख पर दोनों वकीलों की परस्पर बहस हुई।

बैरिस्टर अम्बेडकर ने अपनी ओर से तथ्य व तर्क प्रस्तुत करते हुए कहा कि उनके मुवक्किलों ने जो कुछ लिखा है वह तथ्यों पर आधारित है। यदि वे चाहें तो वे तर्क और तथ्य यहीं पर सिद्ध किये जा सकते हैं। अपनी बहस जारी रखते हुए डा० अम्बेडकर ने पुस्तक में लिखी सभी बातों की पुनरावृत्ति

की, इतना ही नहीं उन्होंने पूर्ण संस्कृत साहित्य को ही ढ़ोंग का पिटारा बताया और मूर्ति पूजा, कथा-कीर्तन आदि सब को अपने तर्कों से ढोंग सिद्ध किया और कहा कि उनके मुवक्किलों को निरपराध घोषित किया जाए। दो दिन के बाद न्यायाधीश ने उनके मुवक्किलों को अपने निर्णय में निरपराध घोषित भी किया।

❄❄❄

10

महार सम्मेलन

उस विचित्र मुकदमे में विजय प्राप्त करने के पश्चात् तो अम्बेडकर का अछूतों में बहुत ही मान बढ़ गया। बम्बई की गली-कूचों में जगह-जगह उनकी पैरवी और दलीलों की चर्चा होने लगी। अछूतों के मन में उनके प्रति श्रद्धा के भाव उमड़ने लगे। फलस्वरूप उनके अभिनन्दन के लिए आयोजन की तैयारी की जाने लगी।

इस सभा का मूल उद्देश्य उन्हें सम्मानित करना तो था ही साथ ही अछूत उनसे मार्ग दर्शन भी चाहते थे। दलितों व अछूतों को यह विश्वास हो गया था कि भीमराव अम्बेडकर अवश्य ही उनकी समस्याओं का उचित समाधान प्रस्तुत करेंगे और भावी कार्यक्रमों की योजनाओं का निर्धारण भी करेंगे। अनेक स्थानों पर तो अम्बेडकर को अछूतों का मसीहा भगवान माना जाने लगा।

बम्बई के निकट कोकल जिला में इस सभा का अयोजन किया गया। डा० भीमराव अम्बेडकर ने सभा का संचालन किया। डा० भीमराव अम्बेडकर के जीवन में यह प्रथम सार्वजनिक सम्मेलन था, जिसकी उन्होंने अध्यक्षता की थी और सभी को सम्बोधित किया था। यह सम्मेलन महार सम्मेलन के नाम से प्रख्यात हुआ।

इस सम्मेलन में डा० अम्बेडकर ने कहा कि यह महार सम्मेलन इसलिए किया जा रहा है कि जिससे दलित वर्ग के लोगों को अछूत बतलाकर उनके साथ अत्याचार न किया जाए। उन्हें भी अधिकार दिये जायें। आखिर वह भी मनुष्य हैं। उनको भी अन्य मनुष्यों की भांति जीने का पूरा अधिकार है।

'महार सम्मेलन' निर्धारित तिथि, निर्धारित समय, निर्धारित स्थान पर बड़े ही धूमधाम से सम्पन्न हुआ। डा० अम्बेडकर ने इस सम्मेलन में अपने विचार खुल कर रखे। उन्होंने कहा हम अछूतों के विचारों में दृढ़ता की कमी है इसीलिए हम अपने इरादे में विफल हो जाते हैं। दृढ़ विचार शक्ति से ही इरादों में कामयाबी पाई जा सकती है। उन्होंने अछूतों को कुछ विशेष सूत्र भी दिए। उन्होंने कहा हमे संगठित होना होगा। माला के मोतियों की तरह

एक सूत्र में गुंथना होगा। अपने छोटे-छोटे आपसी वाद-विवादों को भूल कर अपनी बिखरी हुई शक्ति को एक जुट करना होगा। क्योंकि यही सब बाते हमें कमजोर करती हैं। और कमजोर वर्ग सदा गुलाम ही रहता है।

अब उनका अधिक समय समाज सुधारक कार्यों में ही व्यतीत होता था। 20 जुलाई 1924 में डा० अम्बेडकर ने 'बहिष्कृत हितकारणी सभा' को पुनर्जीवित किया। आर्थिक समस्या के कारण 1920 में शुरू हुए साप्ताहिक 'मूक नायक' को बन्द करना पड़ा था। डा० अम्बेडकर ने इस सभा का रजिस्ट्रेशन कराया। इस बहिष्कृत हितकारणी सभा के उद्देश्य इस प्रकार थे। (1) दलित छात्रों के लिए छात्रवासों की स्थापना करना व दलित वर्ग में शिक्षा का प्रचार-प्रसार करना। (2) दलितों के लिए पुस्तकालय, सांस्कृतिक गतिविधि केन्द्र शिक्षा केन्द्रों की स्थापना करना। (3) दलितों को औद्योगिक व कृषि विद्यालयों में शिक्षित कर व इस क्षेत्र में स्वावलम्बी बनाना। (4) दलित समस्याओं का प्रतिनिधित्व एवं निवारण करना।

सर सी० एच० सीतलवाड़ ने इस सभा के अध्यक्ष पद का कार्यभार सम्भाला। और कार्यकारणी उपाध्यक्षों में श्री मियर निसिम, रुस्तम जी जिन वाला, जी० के० नरीमन, डा० आर० पी० परांजपे, डा० वी० पी० चावड़ और वी० जी० खैर प्रमुख थे। उल्लेखनीय है कि श्री खैर कालान्तर में बम्बई राज्य के मुख्यमन्त्री बने थे। इस सभा की विशेषता यह थी कि उपाध्यक्षों में अधिकांश न अछूत, न दलित और न ही शोषित थे।

स्वयं डा० अम्बेडकर इस सभा के अध्यक्ष थे। श्री शिवतारकर मन्त्री और एन० टी० जाघव इसके कोषाध्यक्ष थे। सर्वप्रथम इस सभा ने शोलापुर में एक दलित छात्रावास स्थापित किया। फिर बम्बई में एक पुस्तकालय तथा महार हॉकी क्लब की भी स्थापना की।

यद्यपि उस समय बम्बई में और कई दलितोद्यार तथा समाज सुधारक संस्थाएं कार्यरत थीं। किन्तु उनका कार्यक्षेत्र सीमित था। फिर वह डा० अम्बेडकर जैसे नामी गिरामी व्यक्तित्व के नीचे कार्यरत भी नहीं थीं।

डा० अम्बेडकर के अनन्य समर्थक व सहायक छत्रपति साहू महाराज, सयाजीराव गायकवाड़ आदि नेताओं व समाज सुधारकों ने दलितों के उद्धार में प्रशंसनीय कार्य किये थे। उस समय डा० भीमराव ने दलितों को 'आत्म सहायता' का नारा दिया उन्होंने कहा आत्म सहायता ही उत्तम सहायता है।

आत्म सहायता व आत्म सम्मान का युग प्रारम्भ हुआ। बहिष्कृत हितकारणी सभा का कार्यक्रम सुचारू रूप से चल रहा था। सभा स्थिर हो चुकी थी। उसके अन्तर्गत शोलापुर छात्रावास के छात्रों को वस्त्र व लेखन सामग्री आदि दिये गये और शोलापुर नगर पालिका ने प्रति छात्र 40 रुपये प्रतिमाह छात्रवृत्ति

भी दी। इसी के साथ बहिष्कृत हितकारणी सभा ने 'विद्याविलास' नाम की एक मासिक पत्रिका भी चलाई, जिसमें दलित छात्रों के लेख सम्मिलित किये जाते थे।

बहिष्कृत हितकारणी सभा ने ही बम्बई में बहिष्कृत विद्यार्थी सम्मेलन को भी आयोजित किया।

अप्रैल 1925 में रत्नागिरी जिले के मालवण ग्राम में बम्बई प्रान्तीय अस्पृश्य परिषद् का पहला सम्मेलन हुआ, इसका अध्यक्ष भी डा० अम्बेडकर को बनाया गया। डा० अम्बेडकर ने कहा कि अछूतों के उद्धार के कार्य अछूतों के हाथों से ही होने चाहियें, स्वर्ण इस अछूतोद्धार कार्यक्रम का संचालन ईमानदारी से नहीं कर रहे थे। वह प्रदर्शन अधिक करते थे जबकि कार्य कम होता था।

डा० अम्बेडकर ने गोवा के अछूतों से भी सम्पर्क किया। दक्षिण भारत में रामास्वामी नपायकर द्वारा अछूतों के अधिकारों के लिए किए गये सत्याग्रह की प्रशंसा की, उन्होंने उसे अपनी पत्रिका में प्रकाशित भी किया।

अप्रैल 1925 में डा० अम्बेडकर ने जैजूरी की आम सभा में भाग लिया। उन्होंने कहा कि अछूत अपने निवास के लिए सरकार से बंजर भूमि मांगें, अगर तुम जीना चाहते हो तो जिन्दा दिल बन कर जियो। जो कुछ भी अन्य नागरिकों को मिलता है वैसा ही अन्न, वस्त्र व मकान दलितों को भी मिलना चाहिये। यह तुम्हारा जन्मसिद्ध अधिकार है इन सबको पाने के लिए हमें आगे आना होगा और दृढ़ता के साथ संघर्ष करना होगा।

किन्हीं कारणों से उनकी वकालत कुछ विशेष नहीं चल रही थी। आर्थिक स्थिति पहले की तरह अच्छी नहीं रही थी। अत: उन्होंने अतिरिक्त आर्थिक उपार्जन के लिए जून 1925 से लेकर मार्च 1928 तक बाटली ब्वायज़ एकाउन्टैंसी ट्रेनिंग इन्सीट्यूट में मर्कैंटाइल लॉ के पार्ट टाइम लेक्चरर के पद पर कार्य किया।

उनकी धर्म पत्नी ने एक पुत्र को जन्म दिया। जिसका नाम राजरत्न रखा गया था। इस पुत्र व पहले पुत्र के बीच एक कन्या का भी जन्म हुआ था जो शैशव काल में ही परलोक सिधार गई थी।

कोरेगांव के युद्ध स्मारक के पास सन् 1927 में एक सम्मेलन हुआ था। उस समय उस स्मारक स्थान का बड़ा महत्व था। ब्रिटिश राज था और यह अंग्रेज भक्तों का ही युद्ध स्मारक था। डा० अम्बेडकर ने यहाँ बहुत ही ओजस्वी भाषण दिया था।

डा० अम्बेडकर ने भाषण में कहा, "मेरा ब्राह्मणों से निवेदन है कि वे अछूतों के साथ गिरा हुआ व्यवहार न करें। उन्हें अच्छी दृष्टि से देखें। वह

भी उनके भाई हैं। समाज और सरकार को चाहिये कि उनको नौकरी दे, अछूत विद्यार्थियों को छात्रवृत्ति और भोजन दे व उनसे मरे हुए पशुओं को उठवाने जैसा घृणित कार्य न करवा कर स्वयं उसको उठवाने की व्यवस्था करे। शराब की बिक्री पर प्रतिबन्ध लगाया जाए व गरीब अछूत बच्चों की निःशुल्क शिक्षा का भी प्रस्ताव रखा।" इतना ही नहीं उन्होंने तो यह भी कहा कि, "हमें अपने हिन्दू होने पर क्षोभ है। जब तक हम हिन्दू धर्म में रहेंगे तब तक हम अन्याय का प्रतिकार नहीं कर सकते। अन्याय का प्रतिकार करने के लिए बल की आवश्यकता रहती है। मनुष्य बल, आर्थिक बल व मानसिक बल। हिन्दू धर्म की रचना वर्ण कल्पना पर आधारित है, मेरी बुद्धि को हिन्दू धर्म नहीं जंचता। क्योंकि मनुष्य धर्म के लिए नहीं बना है बल्कि धर्म मनुष्य के लिए बनाया गया है। जो धर्म हमारी मनुष्यता का कोई मूल्य नहीं समझता उस धर्म में हम क्यों रहें ? जो धर्म हमें पानी तक नहीं पिला सकता उसे हम क्यों मानें ?"

डा० अम्बेडकर चाहते थे कि अछूत भी अपने आप को मानव समझें लेकिन यह तभी सम्भव था जब उन्हें शीघ्रातिशीघ्र मानव अधिकार मिलें। डा० अम्बेडकर इन अधिकारों को पाने का एक मात्र उपाय सतत संघर्ष को ही समझते थे। हाँ उन्होंने सत्याग्रहों पर भी बल दिया। उनके द्वारा किए गए सत्याग्रहों में दो सत्याग्रह बड़े प्रसिद्ध हुए। पहला महार का जल सत्याग्रह दूसरा नासिक का धर्म सत्याग्रह। महाराष्ट्र के कर्मठ समाज सुधारक श्री एच० के० बोले ने सन् 1923 में बाम्बे काउंसिल में यह प्रस्ताव प्रस्तुत किया था कि सरकार द्वारा सार्वजनिक धन से संचालित संस्थायें अदालत, विद्यालय, चिकित्सालय, कार्यालय, धर्मशाला, कुआँ, जलाशय, पनघट, सरोवर इन स्थानों में अछूतों को प्रवेश करने का व उपयोग करने का अधिकार उन्हें प्रदान करें। यह प्रस्ताव 4 अगस्त 1923 को पारित हो गया था। सरकार ने तदनुसार आदेश भी जारी कर दिए थे।

इसके परिणाम स्वरूप कोलावा की नगर पालिका ने अछूतों को चावदार तालाब से जल भरने का अधिकार दे दिया। किन्तु स्वर्ण हिन्दू इसके खिलाफ थे, अतः कोलावा जिले के अछूतों ने 19-20 मार्च 1927 को डा० अम्बेडकर के नेतृत्व में एक सभा का आयोजन किया डा० अम्बेडकर ने सभा को सम्बोधित किया। कहा कि स्वतन्त्रता कभी भी उपहार में नहीं मिलती, उसके लिए संघर्ष किया जाता है। 20 मार्च को उन्होंने चावदार तालाब से पानी लेने जाने का दिन निश्चय किया। इस कारण तनाव का वातावरण बन गया और दोनों वर्गों में संघर्ष की तैयारी शुरू हुई। दोनों ओर से मार-पीट की गई। इसमें पी० एन० राजभोज बुरी तरह घायल हुए थे। डाक्टर अम्बेडकर

महाड़ में हुए अपमान का बदला लेने की योजना बनाने लगे।

महाड़ के स्वर्ण हिन्दुओं ने चावदार तालाब की शुद्धि की तो डाक्टर अम्बेडकर ने इसका 'बहिष्कृत भारत' के माध्यम से प्रतिवाद प्रकाशित किया। इसके साथ ही उन्होंने सत्याग्रह करने का निश्चय किया और 'बहिष्कृत हितकारिणी सभा' के कार्यालय में सत्याग्रहियों के नाम लिखे गए। 'महाड़ सत्याग्रह समिति' का गठन किया गया। 24 दिसम्बर 1927 को सत्याग्रह से पूर्व सभा हो रही थी। उस सभा में जिलाधीश ने उनको सावधान किया कि चावदार तालाब निजी सम्पत्ति है, इस विषय में मामला न्यायालय में विचाराधीन है। उसके फैसले के पूर्व कोई कार्यवाही की गई तो न्यायालय की तरफ से मानहानि का मामला चलाया जाएगा।

विवश हो कर डा० अम्बेडकर को सत्याग्रह स्थगित करना पड़ा और उन्होंने अपने लोगों को समझा बुझा कर वापस भेज दिया।

धर्मान्तरण की घोषणा

महाड़ सम्मेलन से अम्बेडकर व उनके साथियों को ऐसी प्रेरणा व शक्ति मिली कि वह कुछ करने व मरने के लिए उद्यत हो गये।

चावदार सरोवर आसपास के लोगों के लिए जल का बहुत बड़ा और अच्छा स्रोत था। किन्तु दुख इस बात का था कि उस सरोवर से महाड़ आदि निम्न जातियों के लोगों को जल भरने की आज्ञा नहीं थी।

डा० भीमराव अम्बेडकर को जब यह बात पता लगी तो वह उस अलिखित आज्ञा का उल्लंघन करने के लिए उद्यत हो गये। महाड़ सम्मेलन में यह निश्चय किया गया कि दूसरे दिन सरोवर पर जा कर सत्याग्रह किया जायेगा अर्थात् महार वहाँ जा कर जल पियेंगे।

चावदार सरोवर पर जब महारों को लेकर डा० भीमराव अम्बेडकर गये तो उसमें सर्वश्री एस० के० बोले आदि अनेक स्वर्ण हिन्दु शामिल थे जो आन्दोलन का नेतृत्व कर रहे थे। श्री एस० के० बोले ही वह व्यक्ति थे जिन्होंने सभा में प्रस्ताव रखा था कि, "पानी भरने के सभी सार्वजनिक स्थानों और धर्मशालाओं में अछूतों के प्रति कोई भेदभाव न बरता जाये।"

उस समय के सामाजिक वातावरण के लिए यह एक प्रकार से अनहोनी घटना थी। इतना ही नहीं श्री बोले द्वारा जब यह प्रस्ताव बम्बई विधानसभा में प्रस्तत किया गया तो वहाँ इसे स्वीकार कर लिया गया। न केवल श्री

श्री जी० आर० सहस्त्रबुद्धे ने भी इस सब प्रयास में डा०

साथ कन्धे से कन्धा मिला कर संघर्ष में उनका साथ दिया।

राव अम्बेडकर जुलूस ले कर चावदार सरोवर पर गये। वहाँ

पर उन्होंने ही सर्वप्रथम अपनी चुल्लू में पानी भर उसे पिया। उस समय अम्बेडकर ने कहा, "अधिकार दिये नहीं जाते न कोई अधिकार दिलाता है यदि अधिकार पाना चाहते हो तो उसे पाने के लिये संघर्ष करो। जिस प्रकार स्वतन्त्रता पाने के लिये सेनानी संघर्ष करते हैं उसी प्रकार तुम भी समाज व सरकार के साथ संघर्ष करो।"

आन्दोलन में उपस्थित सभी लोगों ने चावदार सरोवर का जल पिया। डा० भीमराव अम्बेडकर का भाषण सुन कर आन्दोलनकारी वीरेश्वर के मन्दिर के लिए प्रस्थान कर गये। वहाँ पहुंच कर महारों ने मन्दिर में प्रवेश किया व बाहर निकल आये।

पण्डों व पुजारियों से यह सहन नहीं हुआ। महार आन्दोलनकारी जिस समय अपने पण्डाल में भोजन कर रहे थे। ठीक उसी समय पण्डों व पुजारियों के कहने पर आसपास के ग्रामों के अनेक स्वर्ण लाठी, बल्लम, बरछी लेकर महारों पर टूट पड़े और महारों को वहाँ से खदेड़ दिया।

किन्तु अगले दिन अम्बेडकर ने पूरी तैयारी की और चावदार सरोवर को एक तरह से अपने कब्जे में ही ले लिया। वीरेश्वर मन्दिर वाली घटना का उन्होंने बदला ले लिया। इस एक ही सम्मेलन ने डाक्टर भीमराव अम्बेडकर को अछूतों के मसीहा के रूप में महाराष्ट्र में विख्यात कर दिया।

चावदार सरोवर पर महारों के कब्जे के उपरान्त डा० अम्बेडकर ने सभा को सम्बोधित किया तथा कहा, "आप लोग सचमुच वीर हैं। आप अपने अधिकारों की सुरक्षा के लिए लड़ सकते हैं कुछ सोच-विचार कर ही हमने सत्याग्रह को स्थगित कर दिया है, किन्तु इसका यह अभिप्राय नहीं कि हमने अपना संघर्ष बन्द कर दिया है अथवा समाप्त कर दिया है। जब तक इस चावदार सरोवर पर हमारा पूर्ण अधिकार स्वीकार नहीं किया जाता तब तक हमारा युद्ध जारी रहेगा।"

उस समय हिन्दू धर्म में अपनी आस्था न होने की घोषणा करते हुए उन्होंने कहा था, "दुर्भाग्यवश मैं हिन्दू समाज में पैदा हुआ। यह मेरे वश की बात नहीं थी, परन्तु हिन्दू समाज में बने रहने से इन्कार करना मेरे वश की बात है। मैं आप लोगों को विश्वास दिलाता हूँ कि मैं हिन्दू रह कर नहीं मरूंगा।"

जिन दो आन्दोलनों का ऊपर उल्लेख किया गया है वह लगभग 1926 और 1927 के समय के हैं। 1926 में उन्होंने रॉयल कमीशन के सम्मुख भारतीय मुद्रा पर साक्ष्य दिया था, जो बड़ा महत्वपूर्ण माना जाता है। इससे पूर्व उनकी एक पुस्तक भी प्रकाशित हो गई थी। जिसका शीर्षक 'इवोल्यूशन ऑफ दि प्रोविंशियल फाइनेंस इन ब्रिटिश इण्डिया' अर्थात् ब्रिटिश भारत में

प्रान्तीय अर्थ व्यवस्था का विकास। इससे भी उनको पर्याप्त ख्याति मिली।

यह पुस्तक वास्तव में डा० अम्बेडकर का वह शोध प्रबन्ध था जिसके आधार पर उनको कोलम्बिया विश्वविद्यालय में उपाधि प्राप्त हुई थी। पहले इसका शीर्षक था, नेशनल डिविडेन्ट ऑफ इण्डिया ए हिस्टोरिक एण्ड एनेलेटिकल स्टडी, अपने इस शोध प्रबन्ध में डा० अम्बेडकर ने पब्लिक फाइनैंस की सारगर्भित व्याख्या की थी। ब्रिटिश साम्राज्य द्वारा भारत में साम्राज्यवादी व्यवस्थाओं के अन्तर्गत सन् 1833 के एक्ट से आगे की वित्तीय व्यवस्थाओं के विकास के इतिहास पर बड़ी बुद्धिमता से प्रकाश डाला था। उन्होंने लिखा था कि भारत में ब्रिटिश नीति ब्रिटिश उद्योगों एवं उत्पादकों को सामने रख कर बनाई जाती है। और भारतीय जनता के हितों को ओझल कर दिया जाता है। अथवा कुचल दिया जाता है। ब्रिटिश सरकार ने अनेक दमनकारी पग उठाये। भारतीयों के विचार स्वातन्त्रय पर प्रतिबन्ध लगाये तथा भारतीय जनता के अन्य अधिकारों पर भी निषेधात्मक कानून बनाये।

उनकी विद्वता से प्रभावित होकर 1926 में उन्हें बम्बई प्रेसिडैंसी लेजिस्लेटिव कौंसिल का सदस्य भी मनोनीत किया गया।

मराठी पाक्षिक 'बहिष्कृत भारत' 2 अप्रैल 1927 में डा० अम्बेडकर द्वारा प्रकाशित किया गया। पत्र के उद्देश्य के विषय में उन्होंने कहा था कि देश में विविध प्रकार के राजनीतिक और सामाजिक परिवर्तन हो रहे हैं और उन्हें लग रहा है कि सन् 1930 तक भारत में काफी बड़े राजनीतिक सुधार हो सकते हैं। ऐसी परिस्थिति में भारत के अछूतों को उनकी जनसंख्या के अनुपात में अधिकार मिलें। उनकी राजनीतिक सुरक्षा का सही प्रबन्ध हो ताकि वे राजनीतिक सुधारों से वंचित न हों। यह सब अछूत समुदाय तभी जान सकता है जब उनकी कोई अपनी जागरूक विचारों वाली पत्रिका हो। अपने कष्टों से भी अनजान इस समुदाय के कष्ट क्या हैं, इससे उन्हें अवगत कराना अनिवार्य है। इस वर्ग के राजनीतिक सुधारों के विषय में क्या विचार और प्रतिक्रियायें हैं। उन्हें शासन के सामने रखना भी उतना ही अनिवार्य हो गया है।

यही वह सब बातें हैं जिन्हें ध्यान में रख कर डा० भीमराव ने 'बहिष्कृत भारत' का प्रकाशन प्रारम्भ किया था यद्यपि पत्रिका के नाम से यह कदापि भासित नहीं होता कि यह पत्रिका केवल अछूतों के लिए प्रकाशित होती है।

इससे पूर्व डा० अम्बेडकर 'मूक नायक' का भी संचालन करते रहे थे। उसमें उन्होंने किसी भी प्रकार का पद ग्रहण नहीं किया था। केवल अपने विचारों को लेखनबद्ध करके अपने पाठकों तक पहुंचाने का उत्तरदायित्व वह सम्भाले हुए थे। किन्तु 'बहिष्कृत भारत' के तो वह स्वयं ही सम्पादक थे।

चावदार सरोवर के प्रकरण में हम श्री बोले का उल्लेख करते आये हैं। अम्बेडकर ने अपने पत्र 'बहिष्कृत भारत' के माध्यम से सरकार पर जोर डालना आरम्भ किया कि वह 'बोले' के प्रस्ताव को व्यवहार में लाने का क्रियात्मक उपाय करें। उन्होंने यहाँ तक लिखा था कि जो लोग बोले के प्रस्ताव का विरोध कर रहे हैं। उन्हें दण्डित किया जाना चाहिये।

डा० अम्बेडकर कहा करते थे मेरा विरोध ब्राह्मणवाद से है ब्राह्मणों से नहीं, उन्होंने स्वीकर किया कि अनेक ब्राह्मण उनके अच्छे मित्र हैं। लोकमान्य तिलक जैसे मनीषी, सुधारवादी, स्वतन्त्रता सेनानी जैसे व्यक्ति के विषय में एक स्थान पर उन्होंने कहा था, यदि तिलक अछूतों के मध्य उत्पन्न हुए होते तो वह यह नारा नहीं लगाते कि, "स्वतन्त्रता मेरा जन्म सिद्ध अधिकार है।" अपितु वह यह कहते "छुआछूत का उन्मूलन मेरा जन्मसिद्ध अधिकार है।"

11

साइमन कमीशन

मई 1928 में साइमन कमीशन भारत आया। उन दिनों बम्बई ही अंग्रेजों का प्रवेश द्वार था। अतः सर्वप्रथम बम्बई आना आवश्यक था। वहीं से आगे की कार्यवाही आरम्भ होती थी।

इस कमीशन का वास्तविक नाम तो 'इंडियन स्टेचुटरी कमीशन' था। किन्तु यह प्रख्यात साइमन कमीशन के नाम से ही हुआ था। साइमन कमीशन की बैठकों में डा० अम्बेडकर भी उपस्थित रहते थे। एक बार उन्होंने अपना पूर्व परिचय दिया। साइमन को उनके विषय में पहले से ही ज्ञात था। साइमन ने उन्हें कहने की स्वतन्त्रता दी। डा० अम्बेडकर ने कहा कि वे अछूतों की ओर से एक ज्ञापन प्रस्तुत करना चाहते हैं। साइमन ने उनसे कहा ज्ञापन प्रस्तुत करने से पूर्व वे बतायें कि उस ज्ञापन में क्या लिखा है। इसे उचित अवसर समझ कर अम्बेडकर ने अपने ज्ञापन का मुख्य अंश सुनाते हुए कहा, "भारत की आबादी का पांचवां भाग अछूतों व दलितों से भरा पड़ा है उन्हें पद दलित किया जाता है, उन्हें सताया जाता है, इन दलितों पर ब्राह्मण व स्वर्ण जाति के लोग मनमाना अत्याचार करते हैं, इन्हें मनुष्य नहीं पशु समझते हैं, ये कुएं से पानी भर नहीं सकते नल पर पानी नहीं पी सकते, तालाब पर नहीं जा सकते इन पर जो अत्याचार हो रहे हैं वह तुरन्त बन्द कर दिये जाने चाहियें।" इतना ही नहीं अम्बेडकर ने यह भी कहा, "अछतों दलितों तथा आदिवासियों को हिन्दुओं से अलग तथा अल्पसंख्यक माना जाना चाहिये। प्रत्येक युवक को मत देने का अधिकार होना चाहिये। और उनका क्षेत्र सुरक्षित होना चाहिये।"

अछूतों के लिए पृथक आरक्षण की बात वहीं से आरम्भ हुई। जॉन साइमन पर अम्बेडकर की बातों का अच्छा प्रभाव पड़ा। अम्बेडकर को साइमन के समक्ष यह स्वीकार करना पड़ा कि वह हिन्दू हैं। उनके अछूत भी हिन्दू श्रेणी में ही आते हैं। उन्होंने उनके लिए पृथक् आरक्षण की मांग की। डा० अम्बेडकर मई 1926 में साइमन कमीशन के सम्मुख उपस्थित हुए। जून 1928

में उन्हें बम्बई के गवर्नमैंट लॉ कॉलेज में प्रोफ़ेसर नियुक्त कर दिया था।

नासिक सत्याग्रह

पिछले पृष्ठों से हम कोलावा के वीरेश्वर मन्दिर प्रवेश और चावदार सरोवर के जलपान की बात पढ़ चुके हैं। तभी साइमन कमीशन के सदस्य, गवर्नमेंट लॉ कॉलेज बम्बई के प्राध्यापक डा० भीमराव अम्बेडकर को अपनी प्रसिद्धि के लिए नासिक का कालाराम मन्दिर ध्यान में आया। उन्होंने उसमें प्रवेश पाने के लिए सत्याग्रह करने का निश्चय किया।

सर्वश्री बी० जी० खैर और बी० आर० कालेश्वर को जब डा० अम्बेडकर के सत्याग्रह के विषय में ज्ञान हुआ तो उन्होंने भी इस सत्याग्रह में सम्मिलित होने का निश्चय कर लिया। इस प्रकार स्वर्ण हिन्दू भी अम्बेडकर को पग-पग पर सहयोग देते रहे। बस फिर क्या था स्वर्ण सहयोगी प्राप्त हो जाए और अपने अछूत उनके शब्दों पर मर-मिटने को उद्यत हों तो वहाँ अम्बेडकर भला क्यों पीछे रहें। 30 मार्च 1930 को सत्याग्रह आरम्भ कर दिया गया। किन्तु खेद का विषय है कि यहाँ पर अम्बेडकर और उनके सहयोगियों को मुँह की खानी पड़ी थी। न तो ब्रिटिश सरकार के अधिकारियों ने उनका साथ दिया और न ही प्रान्तीय पुलिस ने।

नासिक हिन्दुओं का एक प्रसिद्ध तीर्थ स्थल है। यहीं वह पंचवटी है जहाँ वनवास की अवधी में श्री रामचन्द्र ने अपना अधिकांश समय व्यतीत किया था। शूर्पणखा का नासाच्छेदन तथा रावण द्वारा सीता हरण यहीं हुआ ऐसा माना जाता है। यह 'काला राम' का मन्दिर है। राम की मूर्ति काले पत्थर की होने के कारण इस मन्दिर का नाम कालाराम मन्दिर ही पड़ गया। रामनवमी के अवसर पर वहाँ 15 दिन का मेला लगता है। उस अवसर पर रथयात्रा निकाली जाती है। गोदावरी नदी में स्नान करने के पश्चात् हिन्दू रामचन्द्र जी का रथ खींचने लग जाते हैं। यह सुविधा अछूतों को उपलब्ध नहीं थी। सन् 1929 से ही अछूत लोग इसके लिए प्रयास कर रहे थे कि कम से कम रथ का स्पर्श तो उन्हें करने दिया जाये व नदी में स्नान करने व मन्दिर में दर्शन करने दिया जाये।

सफलता न मिलने पर वहाँ के अछूत नेताओं ने डा० अम्बेडकर को वहाँ बुलाया। डा० अम्बेडकर वहाँ पहुंचे और सारा वातावरण देखा। 2 मार्च 1930 से सत्याग्रह आरम्भ करने से पूर्व उनकी अध्यक्षता में एक सभा हुई और सत्याग्रह की घोषणा कर दी गई। 3 बजे यह यात्रा आरम्भ हुई आगे-आगे ढोल बाजा बज गया था। जुलूस को आते देख कर मन्दिर प्रबन्धकों ने मन्दिर के किवाड़ बन्द कर दिये। किवाड़ बन्द देख कर जुलूस गोदावरी नदी की

ओर मुड़ गया। वहाँ पुनः सभा हुई। सरकार ने धारा 144 की घोषणा कर दी, किन्तु फिर भी धरने के रूप में सत्याग्रह चालू हो गया। रामनवमी के दिन भीड़ में अनेक अछूत भी भीतर पहुंच गये। किन्तु पहचान लिए जाने पर उनकी पिटाई की गई। अम्बेडकर समर्थकों का कहना है कि पुलिस भी इस दलित पिटाई में सम्मिलित थी।

रथ यात्रा आरम्भ होने पर डा० अम्बेडकर अपने युवकों को लेकर वहाँ पहुंच गये। दादा साहब गायकवाड़ ने अम्बेडकर से कहा कि उनका जीवन यहाँ खतरे में है। अतः उनको यहाँ से चला जाना चाहिये। किन्तु अम्बेडकर ने उनके प्रस्ताव को स्वीकार नहीं किया। उसी समय कुछ युवकों ने उन पर आक्रमण कर दिया व कुछ युवक रथ को लेकर भाग गये और एक संकरी गली में उस रथ को खड़ा कर दिया। रथ पर सशस्त्र पुलिस का पहरा रहा। जब डा० अम्बेडकर अपने साथियों के साथ किसी तरह वहाँ पहुंचे तो उन लोगों को उनके कार्य में सफल नहीं होने दिया गया। न तो रथ खींचने दिया गया और न ही काला राम मन्दिर के दर्शन ही करने दिए गये। मामले ने तूल पकड़ा। एक वर्ष तक मन्दिर के कपाट बन्द रहे। जब रथ यात्रा का मौका आता अछूत अपनी मांगें लेकर वहाँ पहुंच जाते। अन्त में जिलाधीश ने रथयात्रा की प्रथा को ही समाप्त कर दिया। रथ के बिना ही मूर्ति स्नान कराने के लिए ले जाई जाने लगी। किन्तु 1931 में उस पर भी प्रतिबन्ध लगा दिया। शनैः शनैः आन्दोलन जोर पकड़ता गया और अक्टूबर 1935 में कालाराम मन्दिर अछूतों के लिए खोल दिया गया।

❄❄❄

12

गोल मेज सम्मेलन (प्रथम)

काला राम मन्दिर सत्याग्रह की घटना मार्च 1930 की है। उसी वर्ष नवम्बर मास में लन्दन में गोलमेज कांफ्रेस का आयोजन किया गया। उसमें भारत भर के सभी मत और सम्प्रदायों के नेताओं को आमन्त्रित किया गया था। कांग्रेस के प्रतिनिधि के रूप में पहले तो महात्मा गांधी ने उसमें सम्मिलित होने से इन्कार कर दिया था, किन्तु बाद में वे भी जाने को उद्यत हो गये थे। मुस्लिम लीग के नेता मोहम्मद अली जिन्ना तथा अन्य मुस्लिम नेता उसमें आमन्त्रित थे। हिन्दू नेता के रूप में सर तेज बहादुर सप्रू और चमन लाल आदि सम्मिलित थे।

12 नवम्बर 1930 को ब्रिटिश प्रधानमन्त्री रेमजे मैक्डोनल की अध्यक्षता में प्रथम गोलमेज परिषद् की बैठक हुई। परिषद् में कुल 89 प्रतिनिधि थे। 53 ब्रिटिश भारत के और 20 रियासती भारत के और 16 ब्रिटिश दलों के। इस परिषद् में अपना दृष्टिकोण प्रस्तुत करते हुए डा० अम्बेडकर ने कहा, "मैं जिन लोगों के प्रतिनिधि की हैसियत से यहाँ खड़ा हूँ, उनकी संख्या भारत की जनसंख्या का पांचवां भाग है अर्थात् इंग्लैंड या फ्रांस की जनसंख्या के बराबर है किन्तु आज उन्हें दास या गुलाम की स्थिति में ला पटका गया है। जब हम अपनी वर्तमान स्थिति की तुलना उस भारतीय सामाजिक स्थिति से करते हैं। जो पूर्व ब्रिटिश दिनों में थी, तो हमें यह मिलता है कि हम उन्नति करने के बजाय, मात्र समय गिन रहे हैं। ब्रिटिश सरकार के पूर्व हम छुआछूत के कारण दयनीय अवस्था में थे। क्या ब्रिटिश सरकार ने उसकी समाप्ति के लिए कुछ किया है ? ब्रिटिश शासन के पूर्व हम गाँव के कुएं से पानी नहीं भर सकते थे। क्या ब्रिटिश शासन ने हमें यह अधिकार दिया है ? ब्रिटिश राज्य के पूर्व हम मन्दिरों में प्रवेश नहीं कर सकते थे। क्या अब हम प्रवेश कर सकते हैं ? हमारे लिए पुलिस सेवा के द्वार बन्द थे। क्या ब्रिटिश सरकार पुलिस सेवा में हमें लेगी ? ब्रिटिश राज्य के पूर्व हमें सैनिक

सेवा में भर्ती नहीं किया जाता था, क्या अब हम सेना में भर्ती हो सकते हैं ?

"इन प्रश्नों का कोई सकारात्मक उत्तर नहीं हो सकता। यद्यपि भारत में ब्रिटिश शासन को 150 वर्ष बीत चुके हैं, किन्तु हमारे दुख दर्द ज्यों के त्यों बने हुए हैं। उन्हें अभी दूर नहीं किया गया है। ऐसी सरकार हमारे लिए किस काम की ? हमारे दुखों को हमारे सिवा कोई नहीं मिटा सकता, और हम उन्हें उस समय तक समाप्त नहीं कर सकते जब तक हमारे हाथों में राजनीतिक सत्ता न आ जाए। दलित वर्ग ने सरकारी चमत्कार देखने के लिए बहुत वर्षों तक इन्तजार किया है। अब और इन्तजार सम्भव नहीं है। भारत के अल्पसंख्यक दलित वर्ग दृढ़ प्रतिज्ञ हैं कि वे भारत के लिए किसी भी आत्म शासित संविधान को सहमति प्रदान नहीं करेंगे।"

डा० अम्बेडकर उस समय अछूतों के नेता के रूप में उभर रहे थे। साइमन कमीशन के सम्मुख अपनी विशिष्टता को वे प्रमाणित कर चुके थे। अत: उनको अछूतों के प्रतिनिधि के रूप में उस कांफ्रेंस में आमन्त्रित किया गया था। सिखों की ओर से सरदार उज्ज्वल सिंह उसमें उपस्थित थे। भारत के ईसाइयों के प्रतिनिधि तथा देशी रियासतों के राजा-महाराजा भी उसमें आमन्त्रित थे। कश्मीर, पटियाला, बड़ौदा, भोपाल, अलवर, बीकानेर आदि-आदि रियासतों के राजा-महाराजा वहाँ पहुंचे थे।

उन दिनों जार्ज पंचम इंग्लैड के और भारत के सम्राट कहे जाते थे। एक कार्यक्रम में आगत प्रतिनिधियों का सम्राट से परिचय कराया गया। डा० अम्बेडकर का परिचय भारत के अछूतों के प्रतिनिधि के रूप में ही कराया गया था। सम्राट ने वहाँ सभी को कुछ कहने का अवसर दिया और उन्हें सुना भी।

डा० अम्बेडकर ने उस सभा में सम्राट को सम्बोधित करते हुए और गोलमेज परिषद् में व्यक्त अपने विचारों की पुनरावृत्ति करते हुए कहा, "श्रीमान ! आपके राज्य में हमारे देश के अछूतों ने बिल्कुल भी उन्नति नहीं की मुझे इसका दुख है और इसी की शिकायत करने के लिए मैं इस सम्मेलन में सम्मिलित हुआ हूँ, मैं पूछना चाहता हूँ कि क्या कभी भारत से छुआछूत जायेगी ही नहीं ? वहाँ के अछूतों को सार्वजनिक सरोवरों से पानी नहीं भरने दिया जाता है। वह कुओं पर नहीं जा सकते। उनके स्पर्श मात्र से नल अपवित्र हो जाते हैं। मन्दिर भ्रष्ट हो जाते हैं। सेना व पुलिस उनको अपने मध्य में नहीं देखना चाहते। इन सबके बावजूद उनको सताया भी जाता है।"

डा० अम्बेडकर के इस वक्तव्य का जैसा वांछित प्रभाव होना चाहिये था वह वैसा ही हुआ। इसके साथ ही उनका जार्ज पंचम से परिचय भी

अच्छा हो गया। डा० अम्बेडकर प्रसन्नचित्त लन्दन से भारत लौटे और अपने कार्य में जुट गये।

नवम्बर में लन्दन से लौटने के उपरान्त दिसम्बर 1930 में सर्वश्री देवराव नाइक और बी० आर० कादरेकर की सहायता से डाक्टर भीमराव ने बम्बई से 'जनता साप्ताहिक' का प्रकाशन आरम्भ किया।

इसी प्रसंग में हम यह बताना भी आवश्यक समझते हैं कि 'जनता' के प्रकाशन से पूर्व उन्होंने एक अन्य पत्र प्रकाशित किया था 'इक्वेलिटी' यह अंग्रेजी का पत्र था।

'मूक नायक' अर्थात् उन लाखों लोगों का नेता जिनके मुख में जिह्वा होते हुए भी अज्ञानता के कारण एवं शिक्षा के अभाव के कारण जो गूंगों के समान थे।

'बहिष्कृत भारत' अर्थात् ऐसा भारत जो उसी देश का बहुत बड़ा अंश है। फिर भी दूसरे बड़े भाग द्वारा अपने में से पृथक करके रख दिया गया है। समाज ने ही समाज से काट कर उसका बहिष्कार किया हुआ है। अर्थात् वह लोग भारत के तो हैं। तथापि भारत के अन्य नागरिकों जैसी सुविधाएं और अधिकार से वे वन्चित हैं। उन्हीं को डा० अम्बेडकर ने 'बहिष्कृत भारत' का नाम दिया था।

'इक्वेलिटि' अर्थात् समानता। समस्त संसार के मानव प्राणी में परस्पर समता का प्रतिपादन करने वाला पत्र। मनुष्यता अथवा नैतिकता का प्रतिपादन करने वाला। न कोई छोटा, न कोई बड़ा, न कोई नीचा। सब मानव समान।

'जनता' अर्थात् प्रजा। अभिप्राय यह है कि भारत में रहने वाले करोड़ों मानव प्राणी। वे प्राणी जो शताब्दियों से पीढ़ी दर पीढ़ी यहाँ के हैं। यहाँ के अतीत से जिनका नाता रहा है। जिन्हें कोई आदिवासी के नाम से जानता है। तो कोई मूल निवासी के नाम से चतुर्थ वर्ण व्यवस्था का चौथा वर्ण अर्थात् अछूत। उसे जनता में सम्मिलित करने के लिए। उसे जनता समझे जाने के लिए अम्बेडकर ने इस 'जनता' का प्रकाशन आरम्भ किया था।

गांधी अम्बेडकर वार्तालाप

1930 में पहली गोलमेज कांफ्रेंस हुई थी। 1931 में दूसरी गोल मेज सभा का आयोजन किया गया था। डा० अम्बेडकर पहली गोल मेज कांफ्रेंस में शामिल हो चुके थे। उन्हें पूरा विश्वास था कि इस बार भी उन्हें सभा में आमन्त्रित किया जाएगा। गांधी जी भी उसमें शामिल होने वाले थे। वे कांफ्रेंस में शामिल होने से पूर्व डा० अम्बेडकर से मिल कर कुछ बातचीत करना चाहते थे। गांधी जी की धारणा थी कि उन जैसा दलितों का उद्धारक

संसार में नहीं हो सकता।

उन दिनों गांधी जी बम्बई में मणि भवन में ठहरे हुए थे डा० अम्बेडकर के पहुंचने पर गांधी जी ने बड़ी हीं उदारता से बताया कि कांग्रेस ने अछूतोद्धार के लिए 24 लाख रुपया व्यय किया है। उस पर भी डा० अम्बेडकर को कांग्रेस से नाराजगी क्यों हैं ? गांधी जी ने यहाँ तक कहा था कि जिन्हें डा० अम्बेडकर अछूत कहते हैं। उनको गांधी जी स्वयं हरिजन कहते हैं।

डा० अम्बेडकर ने इसके उत्तर में यही कहा कि जिन 24 लाख रुपयों की गांधी जी बात कर रहे हैं। वे रुपये उन्होंने यदि अछूतों अर्थात् हरिजनों को बांट दिये होते तो इससे उनका महान उपकार होता। उन्होंने केवल हरिजनों के नाम पर धन को इधर-उधर के अन्य कामों में व्यय किया है। इतना ही नहीं डा० अम्बेडकर ने यह भी कहा कि जिस प्रकार कांग्रेसी को खादी पहनना अनिवार्य है। क्या गांधी जी ने उसी प्रकार अछूत को अछूत न मानना अनिवार्य करवाया है ? क्या गांधी जी को मालूम है, अम्बेडकर ने जब नासिक के काला राम मन्दिर में प्रवेश के लिए सत्याग्रह किया था तो नासिक कांग्रेस के अध्यक्ष ने उनका विरोध किया था। अभिप्राय यह है कि अम्बेडकर ने गांधी जी को स्पष्ट कह दिया कि उनका न उनकी कांग्रेस पर न ही उन पर विश्वास है।

गांधीजी ने जब इस विषय में अधिक बात की तो अम्बेडकर ने कहा कि गोलमेज कांफ्रेंस में कांग्रेस ने मुसलमानों के पृथक प्रतिनिधित्व को तो स्वीकार कर लिया किन्तु अछूतों के पृथक प्रतिनिधित्व को क्यों स्वीकार नहीं किया ? उसके उत्तर में गांधी जी ने भी स्पष्ट कहा कि वे अछूतों को पृथक राजनीतिक अधिकार देने के इसलिए विरुद्ध हैं क्योंकि यह हिन्दुओं के लिए एक प्रकार से आत्मघात सिद्ध हागा।

गांधी जी व डा० अम्बेडकर की यह भेंट 1931 के आरम्भ में हुई थी। उसी मास अर्थात् 24 अगस्त को गांधी जी पण्डित मदन मोहन मालवीय और सरोजनी नायडू को लेकर द्वितीयगोल मेज सम्मेलन में भाग लेने के लिए लन्दन पहुंचे थे। उस कांफ्रेंस में गांधी जी ने बताया कि कांग्रेस ने तो अछूतों के लिए आरम्भ से ही अपने हाथों से काम किया था वहाँ पर भी उन्होंने उनके कार्य के लिए 24 लाख रुपये व्यय करने की बात को दोहराया उन्होंने यह भी कहा कि अस्पृश्यता निवारण को कांग्रेस ने अपने राजनीतिक कार्यक्रम में सम्मिलित कर लिया है।

जब डा० अम्बेडकर के बोलने की बारी आई उन्होंने अपने स्वभाव के अनुसार अपनी उसी बात को दोहराया जो वह पहली कांफ्रेंस में कह चुके थे। इस कांफ्रेस में उन्होंने अपना मांग पत्र प्रस्तुत किया। उस मांग पत्र की

पहली शर्त यह थी कि अछूतों को उनकी जनसंख्या के आधार पर प्रान्तीय विधानसभाओं तथा केन्द्रीय सम्मेलनों में प्रतिनिधित्व प्रदान किया जाए। उन्होंने दूसरी शर्त के रूप में अछूतों के लिए पृथक निर्वाचन क्षेत्र की मांग प्रस्तुत की। इसके साथ तीसरी शर्त के रूप में उन्होंने बीस वर्ष के लिए आरक्षण की मांग की।

गांधी जी ने यद्यपि अम्बेडकर की मांगों का कड़ा विरोध किया। किन्तु सम्राट ने उस तरफ कोई ध्यान नहीं दिया और अम्बेडकर की सभी शर्तें स्वीकार करते हुए कहा, ''अम्बेडकर की सभी शर्तें स्वीकार की जाती हैं तथा भारत के अछूतों को अलग निर्वाचन क्षेत्रों द्वारा आरक्षण भी दिया जाता है।''

पूना पैक्ट

20 अगस्त 1932 को ब्रिटिश प्रधानमन्त्री ने अछूतों के पृथक प्रतिनिधित्व और निर्वाचनों में खड़े होने के अधिकार की घोषणा कर दी। डा० अम्बेडकर के मन की मुराद पूरी हुई थी।

महात्मा गांधी जी भी गोलमेज कांफ्रेंस समाप्त होने पर जब स्वदेश पहुंचे तो ब्रिटिश सरकार ने उन्हें तुरन्त बन्दी बना लिया व यरवदा करागार में भेज दिया गया। यरवदा कारागार में ही उन्होंने ब्रिटिश प्रधानमन्त्री की घोषणा को पढ़ा और वहीं से उन्होंने वायसराय को अपनी प्रतिक्रिया लिख कर भेजी। उन्होंने ब्रिटिश प्रधानमन्त्री को लिखे गये अपने धमकी भरे पत्र में कहा कि यदि ब्रिटिश प्रधानमन्त्री द्वारा अछूतों को दिये गये अधिकार वापस न लिये गये तो वह तब तक भूख हड़ताल पर रहेंगे जब तक कि उनके यह अधिकार वापस नहीं लिये जाते। और जब गाधी जी को कोई सन्तोषजनक उत्तर नहीं प्राप्त हुआ तो उन्होंने 20 सितम्बर, 1932 को भूख हड़ताल आरम्भ कर दी। देश भर में इन अधिकारों के लिये विचार-विमर्श होने लगे। वाद-विवाद हुआ और देश में एक प्रकार का विवाद उठ खड़ा हुआ।

देश भर में हा-हाकार मचा तो गांधी जी के प्राण बचाने के लिए एक सार्वजनिक सभा का आयोजन किया गया। वह विशाल सभा बम्बई में ही आयोजित की गई। इस सभा में डा० भीमराव अम्बेडकर को भी बोलने के लिए आमन्त्रित किया गया। उन्होंने स्पष्ट शब्दों में घोषणा की, ''गांधी जी के प्राणों की रक्षा के लिये हर सम्भव प्रयास किया जाना चाहिये। किन्तु मुझसे यह आशा न रखी जाये कि मैं दलितों और अछूतों के हितों से हट जाऊंगा या विमुख हो जाऊंगा पृथक प्रतिनिधित्व मिल जाने पर भी सारे अछूत हिन्दू धर्म के ही अंग बने रहेगे इसमें तनिक भी शंका के लिये स्थान नहीं

है।''

जब डा० अम्बेडकर अपने निश्चय पर अडिग रहे तो कांग्रेसी नेताओं ने एक अन्य उपाय सोचा। उन्होंने कहा कि कांग्रेस अथवा गांधी जी को पृथक प्रतिनिधित्व देने से आपत्ति है। किन्तु ये उनके लिए आरक्षण की नीति को उपयुक्त मानते हैं। मालवीय जी ने बहुत प्रयत्न किया कि अम्बेडकर किसी प्रकार पृथक प्रतिनिधित्व की बात को भूल जायें। डा० अम्बेडकर ने मालवीय को कहा कि उनको उनकी हर बात स्वीकार है। किन्तु दलित वर्ग को उनके अधिकार दिलाने के कार्य से वे पीछे नहीं हट सकते। डा० अम्बेडकर ने स्पष्ट शब्दों में कहा कि इस छोटी बात के लिए गांधी जी ने इतना बड़ा अनशन किया है। यदि कहीं अनशन वे देश की स्वतन्त्रता के लिए करते तो सारा देश उनके साथ हो।''

बम्बई सभा के अवसर पर गांधी जी ने यरवदा जेल से एक पत्र भी लिख भेजा था। जिसे सभा में पढ़ कर सुनाया गया। पत्र में लिखा था, ''प्रिय डा० अम्बेडकर ! देश को खण्ड-खण्ड मत होने देना, हिन्दू जाति को बचा लो, मैं तुम्हारे साथ हूँ, मेरी सहानुभूति भी तुम्हारे साथ है। मेरा जीवन तुम्हारे हाथ है, अब जैसा उचित समझो वैसा करो।''

यह पत्र लेकर कस्तूरबा गांधी स्वयं डा० अम्बेडकर के पास आईं। उनके सुपुत्र देवदास गांधी भी उनके साथ थे। माता-पुत्रों ने अम्बेडकर को कहा कि वे गांधी जी से समझौता कर उनकी प्राण रक्षा करें।

मालवीय जी अनेक बार डा० अम्बेडकर से मिल कर गांधी जी से समझौता करने का आग्रह करते हैं। चक्रवर्ती राजगोपालाचार्य ने भी इसी दिशा में प्रयत्न किए। अन्त में डा० अम्बेडकर ने अपनी शर्त पर समझौता कर लिया। समझौते पर डा० अम्बेडकर की मांगे थी।

(1) विधानसभा में हरिजनों के लिए 78 से बढ़ा कर 148 सीट दी जायें।

(2) इन सीटों का निर्वाचन वैधानिक रीति से होगा।

(3) केन्द्रीय विधानसभाओं में जितनी सीटे नियत होती हैं उनमें 18 प्रतिशत हरिजनों के लिए होंगी।

(4) केन्द्रीय विधान परिषद् में हरिजनों के प्रतिनिधि मिले-जुले निर्वाचन क्षेत्रों के सिद्धान्तों के अनुसार निर्वाचित किये जायें।

(5) प्रान्त और केन्द्र दोनों स्थानों पर निर्वाचन की विधि दस वर्ष उसी प्रकार चलेगी।

(6) केन्द्र और प्रान्तों की विधानसभा में जितनी सीटें आरक्षित होंगी उनके हटाने पर हरिजनों का मत लिया जायेगा।

(7) अछूतों के लिए मताधिकार प्रबन्ध लोंथियन कमेटी की रिपोर्ट के आधार पर किया जाए।

(8) सरकारी तथा स्थाई नौकरियों में हरिजनों के साथ कोई भी भेदभाव नहीं किया जाएगा।

(9) अछूतों के लिए प्रत्येक प्रान्त में शिक्षा के लिए अधिकाधिक अनुदान दिया जाए।

(10) यथाशीघ्र देश से छुआछूत को मिटाया जाए।

इन सब मांगों अथवा शर्तों को सभा में पढ़ कर सुनाया गया और हिन्दुओं की ओर से उस पर पण्डित मदन मोहन मालवयी जी ने हस्ताक्षर किये, अछूतों की ओर से डा० अम्बेडकर ने हस्ताक्षर किये।

समझौते पर हस्ताक्षर होने के उपरान्त डा० अम्बेडकर यरवदा कारावास में गांधी जी से मिलने के लिए गये।

तदन्तर गांधी जी को जेल से रिहा कर दिया गया किंतु उनके साथ शर्त लगा दी कि वे बाहर जा कर राजनीतिक क्षेत्र में कार्य नहीं करेंगे। गांधी जी ने रिहा होने पर सारे देश का भ्रमण किया और अछूतोद्धार के लिए चन्दे की अपील की। दलितोद्धार को सम्मुख रख कर उन्होंने 'हरजिन सेवक' नामक समाचार-पत्र का प्रकाशन किया। गांधी जी ने हरिजनों के उद्धार के लिये समस्त देशवासियों से जिस चन्दे की अपील की थी उसमें उन्हें केवल 8 लाख रुपया ही प्राप्त हुआ।

समझौता हो गया और दोनों अपने-अपने ढंग से कार्य में संलग्न हो गये। उसी अवधि में डा० अम्बेडकर को सरकार की ओर से 'इण्डियन कांस्टीट्यूशनल रिफोर्म्स ज्वाइंट कमेटी' का सदस्य मनोनीत किया गया। जैसा की नाम से ही स्पष्ट है यह कमेटी संवैधानिक सुधारों पर विचार कर रही थी।

24 सितम्बर 1932 को पूना पैक्ट पर नेताओं ने हस्ताक्षर किये। दलित वर्ग की ओर से डा० अम्बेडकर ने और स्वर्ण हिन्दुओं की ओर से पण्डित मदन मोहन मालवीय ने व अन्य लोगों ने भी हस्ताक्षर किए। राजगोपालाचार्य तो इतने भावुक हो गये थे कि उन्होंने अम्बेडकर से कलम बदल कर हस्ताक्षर किये। इस समझौते की सूचना शीघ्र ही प्रधानमन्त्री को दे दी गई। 25 सितम्बर को बम्बई सार्वजनिक सभा के मंच पर पण्डित मदन मोहन मालवीय ने स्वयं घोषणा की कि जन्म से किसी को अछूत नहीं समझा जाना चाहिये और देश में छुआछूत का अन्त होना चाहिये। डा० अम्बेडकर ने उस अवसर पर कहा कि मुझे दुख केवल इस बात का है। महात्मा जी ने यह दृष्टिकोण गोल मेज कांफ्रेंस में क्यों नहीं अपनाया ? यदि उस समय मेरे दृष्टिकोण की समझने का प्रयास किया होता तो आज उनके लिये यह कष्ट भुगतना आवश्यक न

होता।

इसी सभा में छुआछूत निवारण पर प्रस्ताव पारित किया गया और वहीं पर 'छुआछूत निवारण संघ' की भी स्थापना की जो कालान्तर में 'हरिजन सेवा संघ' के नाम से प्रचलित हुई। संघ को केन्द्रीय समिति में डा० अम्बेडकर, श्री एम० सी० राजा और राय बहादुर श्री निवासन ये तीन व्यक्ति दलित जाती के प्रतिनिधि के रूप में थे। इसके मन्त्री अमृत लाल ठक्कर दलित जाति के ही थे।

28 सितम्बर, 1932 को बम्बई की विशाल सभा में 18 अक्टूबर को बेलासिस रोड बम्बई की सभा में तथा 28 अक्टूबर 1932 को जहांगीर हाल बम्बई में रूसी समाज द्वारा मान पत्र भेंट करने के अवसर पर डा० अम्बेडकर ने अपने अछूत बन्धुओं को सम्बोधित करते हुए कहा था–

''मन्दिर प्रवेश आन्दोलन का उद्देश्य तो अच्छा है। पर तुम्हें आध्यात्मिक उत्थान की उपेक्षा भौतिक उन्नति की ओर ध्यान देना चाहिये। धन के अभाव में खाने को भोजन, पहनने को वस्त्र, अपने बच्चों को पढ़ाने के अवसर और दवा-दारू के लिये कोई सहायता नहीं मिलती। ..... तुम्हारे गले में पड़ी तुलसी की माला तुम्हें सूदखोरों के चगुंल से नहीं बचा पायेगी। क्योंकि तुम राम के गीत गाते हो इसलिए भूमिपतियों से तुम्हें कोई कन्सेशन नहीं मिलेगा। . .... जितना शीघ्र आप इस मूर्खतापूर्ण विश्वास को त्याग दें कि आपके दुख दर्द पूर्वनिर्धारित हैं उतना ही अच्छा है। यह विचार कि आपकी गरीबी अनिवार्य है। जन्मजात एवं अपृथक है पूर्णतया गलत है। अपने को दास मानने की विचारधारा को एकदम तिलांजलि दो।''

❋❋❋

13

नया नाम बाबा साहेब

इन्हीं दिनों डा० अम्बेडकर की धर्मपत्नी का स्वास्थ्य बिगड़ गया। अच्छे से अच्छे चिकित्सक से चिकित्सा करवाई गई लेकिन उनका स्वास्थ्य निरन्तर गिरता ही गया। अन्त में मई 1935 में उनका देहान्त हो गया।

यह कहा जाता है कि पत्नी रमाबाई के देहान्त का डा० अम्बेडकर पर बड़ा प्रभाव पड़ा। वह एक प्रकार से विरक्त रहने लगे। कुछ लोगों का तो इतना तक कहना था कि वह भगवे वस्त्र धारण करने लगे थे। उन्होंने सुख सुविधाओं को छोड़ दिया था और वह सादगी से रहने लगे थे। उसी समय से लोग उन्हें बाबा साहेब के नाम से पुकारने लगे।

किन्तु यह अम्बेडकर के सौभाग्य की बात सिद्ध हुई कि तुरन्त ही उनको गवर्नमैंट लॉ कॉलेज बम्बई का प्राचार्य नियुक्त कर दिया गया।

यह पद पाकर डा० अम्बेडकर का पत्नी वियोगजन्य दुख कुछ कम हुआ और वे अब पढ़ने-पढ़ाने की ओर अधिक ध्यान देने लगे। समय सबसे बड़ा मरहम होता है। समय पाकर डाक्टर अम्बेडकर पत्नी वियोग रूपी दुख से उबर गये और सामान्य जीवन बिताने लगे।

येवला सम्मेलन

सितम्बर 1935 में नासिक जिले के येवला स्थान पर एक कांफ्रेंस का आयोजन किया गया था। डा० अम्बेडकर इसमें आमन्त्रित थे। पत्नी की मृत्यु के उपरान्त यह प्रथम अवसर था जबकि वह किसी सावर्जनिक सभा में भाग लेने जा रहे थे। तथापि आयोजकों ने उनको आमंन्त्रित किया था और उन्होंने उपस्थित रहने की स्वीकृति भी दी थी तो जाना आवश्यक समझ कर उन्होंने उस सम्मेलन में भाग लिया।

उनके पहुंचने पर आयोजकों ने उनको ही सम्मेलन का अध्यक्ष घोषित

किया। पुष्प मालाओं से अम्बेडकर को लाद दिया गया। इस सम्मेलन में अपने अध्यक्षीय भाषण में जहाँ डा० अम्बेडकर ने अनेक बातों का उल्लेख किया, अछूतों की समस्याओं और उनके समाधान के बारे में विस्तार से अपने विचार प्रस्तुत किये, वहीं उन्होंने यह घोषणा भी की कि वे धर्म परिवर्तन करने वाले हैं।

यह बात तो वह अनेक अवसरों में कह चुके थे कि मैं हिन्दू परिवार में अवश्य पैदा हुआ हूँ। वो मेरी विवशता थी, लेकिन मैं हिन्दू रह कर ही मरु इसके लिए मैं विवश नहीं। येवला सम्मेलन में उन्होंने स्पष्ट शब्दों में कहा कि वे धर्म परिवर्तन कर रहे हैं।

इस सम्मेलन में उन्होंने कहा कि, "इस धर्म से खराब कोई दूसरा धर्म इस संसार में नहीं है। इसलिए इसे त्याग दो इस धर्म में लोग पशु से भी गए बीते हैं। सभी धर्मों को लोग अच्छा कहते हैं। किन्तु इस धर्म में अछूत समाज से बाहर हैं। जबकि वह समाज की पूर्णरूप से सेवा करते हैं।"

नासिक जिले के एक कस्बे येवला में जहाँ दस हजार से भी अधिक श्रोता विद्यमान हों उनके सम्मुख डा० अम्बेडकर की ये घोषणा एक प्रकार से बिजली टूटने के समान थी। सभी श्रोता सन्नाटे में आ गए। श्रोताओं को अपने कानों पर विश्वास ही नहीं हुआ। डा० अम्बेडकर ने इस सम्बन्ध में एक प्रस्ताव भी रखा। उस प्रस्ताव की मुख्य बात थी। "स्वतन्त्रता व समानता प्राप्त करने का एक मात्र उपाय 'धर्म परिवर्तन' ही है।"

डा० अम्बेडकर का कहना था कि यह सम्मेलन इस बात के लिये ऐतिहासिक माना जाना चाहिये कि भारत के समस्त महार जाति के लोग 'धर्म परिवर्तन' की घोषणा कर रहे हैं। अम्बेडकर ने महारों को कहा कि वे हिन्दु त्योहारों के मनाना छोड़ दें। न वे देवी-देवताओं की पूजा करें न मन्दिर में ही जायें। जहाँ अपना मान-सम्मान न होता हो उस स्थान और धर्म का त्याग ही श्रेयस्कर है।

13 अक्टूबर 1935 के दिन येवला सम्मेलन हुआ। उससे पूर्व मई मास में डा० अम्बेडकर की प्रथम पत्नी का देहावसान हो चुका था। उनके भक्तों का मानना है कि पत्नी के देहान्त के बाद डा० अम्बेडकर एकान्त सेवी हो गये थे और यह प्रथम अवसर था जब उसके बाद वे सार्वजनिक रूप से प्रकट हुए थे। इस सम्मेलन में श्री रणखाम्बे स्वागत समिति के अध्यक्ष थे। डा० अम्बेडकर ने इस सभा में दो खण्डों में भाषण दिया था। अन्त में उन्होंने वहाँ एकत्र अछूतों को परामर्श दिया कि वे हिन्दू धर्म से अपना सम्बन्ध

विच्छेद कर लें ताकि उन्हें अन्य किसी धर्म में जा कर सन्तोष एवं सम्मान मिल सके। किन्तु उन्हें अपने नये धर्म का सोच-विचार कर चयन करना चाहिये।''

इस अवसर पर डाक्टर अम्बेडकर ने श्वेत परिधान धारण कर लिया तब उनको बाबा साहेब वाले नाम से उनके भक्त उन्हें पुकारने लगे। इसी सम्मेलन से उनको इस नाम से ख्याति मिली।

येवला से लौटते हुए वे डा० सदानन्द गालवंकर के निवास स्थान पर ठहरे थे। वहाँ पर उनको प्रसिद्ध अछूतोद्धारक एवं हिन्दू मिशनरी श्री मसूरकर महाराज से भेंट हुई। मसूरकर महाराज अछूतोद्धार तथा शुद्धिकरण के लिए प्रख्यात होते जा रहे थे। कुछ ही दिन पूर्व उन्होंने गोवा के दस हजार ईसाइयों को पुनः हिन्दू धर्म में दीक्षित किया था। दोनों में परस्पर तीन घन्टे तक विचार-विमर्श होता रहा। मसूरकर महाराज का कहना था कि वे धर्मान्तरण न करें। उस समय उन्होंने मसूरकर महाराज को टका-सा उत्तर दे दिया। उनका धर्मान्तरण रोकना हिन्दुओं के हाथ में है यद्यपि मैं यह समझता हूँ कि हिन्दुओं का हृदय परिवर्तन होगा, यह सम्भव नहीं है। उनका कुर्तक था कि एक नितान्त अपठित धर्मशास्त्रों से अनभिज्ञ अछूत कार्यकर्ता श्री के० क़े० संकर को शंकराचार्य की उपाधी से सम्मानित व विभूषित कर उन्हें वैसा ही सम्मान दिया जाए जो वास्तविक शंकराचार्य को प्राप्त है। इस कुतर्क का मसूरकर महाराज के पास कोई उत्तर नहीं था क्योंकि मसूरकर जानते थे कि शंकराचार्य उसी को नियुक्त किया जाता है जो धर्म और शास्त्रों का ज्ञाता हो।

डा० अम्बेडकर अगर किसी शास्त्रज्ञ, धर्मक्ष एवं सुपठित व्यक्ति का नाम लेते तो कदाचित मसूरकर महाराज उसके लिये यत्न करते किन्तु अम्बेडकर को तो एक ही धुन सवार थी हिन्दुत्व का अपमान करना और उसके लिए उन्होंने कमर कस रखी थी। गोमास भक्षण की वकालत करना उनका सर्वप्रथम कार्य था।

बाबा साहेब अपने निश्चय पर अडिग रहे और उन्होंने जनवरी 1936 में पूजा में आयोजित 'महाराष्ट्र अस्पृश्य युवक परिषद्' में स्पष्ट कहा, ''यदि सभी हिन्दू देवी-देवता भी साक्षात आकर उन्हें कहें कि हिन्दू धर्म का परित्याग मत करो तो भी मैं उनकी बात नहीं मानूंगा।''

इस सन्दर्भ में डाक्टर अम्बेडकर ने दलितों को चेतावनी देते हुए यह भी कहा है कि, ''यह गलत धारणा त्याग देनी चाहिये कि ऐसा करने से

नारकीय स्थितियों से तुरन्त छुटकारा मिल जायेगा और वे समानता के संसार में प्रविष्ट हो जायेंगे। वे किसी भी धर्म में पदार्पण करें, उन्हें समानता व स्वतन्त्रता के लिए संघर्ष तो करना ही पड़ेगा। इस तथ्य से हम भली–भांति अवगत हैं कि हम कहीं भी जाने की इच्छा करते हों। चाहे इस्लाम में चाहे सिख या चाहे ईसाई, हमें अपने कल्याण के लिए भारी प्रयास करना पड़ेगा। यह सोचना बिल्कुल मूर्खता है कि इस्लाम को स्वीकार करने से हममें से प्रत्येक नवाब बन जाएगा अथवा इसाई धर्म को स्वीकार कर लेंगे तो सभी पोप बन जाएंगे। आप कहीं भी जाएं, संघर्ष करना हमारे लिए अनिवार्य होगा।

❄❄❄

14

जात-पात तोड़क सम्मेलन

डा० अम्बेडकर ने दिसम्बर 1935 में लाहौर में जात-पात तोड़क मण्डल की अध्यक्षता की। श्री सन्त राम जी इस मण्डल के कर्ताधर्ता थे। इस जात-पात तोड़क मण्डल में अम्बेडकर ने जो भाषण दिया था उसकी देश भर में चर्चा रही कालान्तर में अम्बेडकर ने अपने इस भाषण को पुस्तिका के रूप में बदला।

'एनहिलेशन ऑफ कास्ट' नामक अंग्रेजी पुस्तिका को अनुवादकों ने 'जातिवाद का विच्छेद' नाम दिया। जात-पात तोड़ो सम्मेलन की अध्यक्षता के लिए जाने से पूर्व उन्होंने आयोजकों के पास अपना लिखित भाषण भी भेज दिया था। अपने उस भाषण में डा० अम्बेडकर ने हिन्दू धर्मशास्त्रों की कड़ी आलोचना की थी।

अपनी पुस्तक 'एनहिलेशन ऑफ कास्ट' में डा० अम्बेडकर ने यह लिखा है– पेशवाओं के शासन काल में महाराष्ट्र में यदि कोई स्वर्ण हिन्दू सड़क पर चल रहा होता तो अछूत को वहाँ चलने की आज्ञा नहीं थी। ताकि कहीं उसकी छाया से वह हिन्दू अपवित्र न हो जाये। यह अनिवार्य था कि प्रत्येक अछूत कलाई या गले में एक निशानी के तौर पर काला डोरा बांधे ताकि स्वर्ण हिन्दू उसे पहचान लें व भूल से भी उसे स्पर्श न कर बैठे। पेशवाओं की राजधानी पूना में अछूतों के लिए यह राजाज्ञा थी कि वह कमर पर झाड़ू बांधकर चलें ताकि उनके चलने से धरती पर अंकित पदचिन्ह झाड़ू से साफ हो जाएं, क्योंकि उन पदचिन्हों पर स्वर्ण हिन्दुओं के पांव पड़ने से वे अपवित्र हो जाते थे। इसी समस्या के समाधान के लिए झाड़ू कमर पर बांधा जाता था ताकि वह पदचिन्हों को साफ करता चले। इतना ही नहीं पूना में अछूतों को गले में मिट्टी की हांडी लटका कर चलना पड़ता था ताकि वह उसी में थूकें। क्योंकि जमीन पर पड़े थूक पर पांव पड़ने से स्वर्ण हिन्दू अपवित्र हो जाते थे।

लाहौर सम्मेलन के आयोजकों के पास अम्बेडकर का अध्यक्षीय भाषण

पहुंचा और उन्होंने हिन्दू धर्मशास्त्रों की आलोचना पढ़ी तो उन्होंने अम्बेडकर से उन्हें हटाने का आग्रह किया। क्योंकि अयोजकों ने हिन्दू धर्मशास्त्रों को गहराई से पढ़ा था। इस पत्र व्यवहार में समय निकलता गया, इसका परिणाम यह हुआ कि जिस तिथि को लाहौर में सम्मेलन होने वाला था उस तिथि को नहीं हो पाया।

इस पत्र व्यवहार की अवधि में डा० अम्बेडकर को आयोजकों ने उन ग्रन्थों के विषय में कुछ जानकारी दी और उसके आधार पर अम्बेडकर ने अपने भाषण में से उन अंशों को हटाया भी इसलिए सम्मेलन की तिथि आगे की निर्धारित की गई।

अपने भाषण में डा० अम्बेडकर ने बताया कि भारत का समाज मूलतः चार वर्णों में विभाजित है। जिन्हें चतुर्वर्ण के नाम से जाना जाता है। चतुर्वर्ण यह एक व्यवस्था है जिसके अन्तर्गत समाज में ब्राह्मण, क्षत्रिय, वैश्य तथा शूद्र वर्ण विद्यमान हैं। इनके अन्तर्गत ही प्रत्येक वर्ण के लिए काम का भी निर्धारण किया गया है। जो कि एक प्रकार से सामाजिक अन्याय है। वस्तुतः अपने लिए काम का चुनाव व उसे करना व्यक्ति का व्यक्तिगत मामला है। अतः समाज हर व्यक्ति के लिये काम के निर्णय का प्रबन्धक नहीं हो सकता। भारतीय समाज निश्चित ही न तो कोई कारखाना है। न कोई मिल। फिर समाज की श्रम व्यवस्था को रूप देने वाले स्वयं प्रबन्धक कहाँ से आ गये ? उनको यह दायित्व किसने सौंपा है ?

प्रत्येक मनुष्य के स्वभाव में जमीन आसमान का अन्तर है। किन्तु ये अथवा वे स्वंम्भू प्रबन्धक मनुष्य को उनकी शक्ति और अर्जित ज्ञान के अनुसार काम करने से कैसे रोक सकते हैं।

अम्बेडकर ने आगे कहा धर्मशास्त्र की इन धांधलियों का युग बीत चुका है। नये प्रभात के साथ नई दिनचर्या की बात करो, नई शुरूआत करो। हर सुबह नई सुबह होती है और हर कदम नया कदम होता है। नई चहल-पहल के साथ आगे बढ़ने को उत्सुक कदम। पीछे मुड़ कर नहीं देखते।

वाइस राय की काउन्सिल में

उन दिनों वाइसराय बम्बई आए हुये थे। अम्बेडकर ने अवसर का लाभ उठाने का निश्चय किया। उन्होंने गवर्नर से भेंट के लिए समय निर्धारित करने को कहा। गवर्नर ने यह कार्य कर दिया।

निर्धारित समय डा० अम्बेडकर वाइसराय से मिलने के लिए जा पहुंचे। साधारण औपचारिकता के उपरान्त वाइसराय ने अम्बेडकर से उनके आने का कारण पूछा तो अम्बेडकर ने वायसराय की कौंसिल में अछूतों, विशेषतया

महारों के प्रतिनिधित्व न होने की बात दोहराई। वायसराय ने उनकी मांग को तुरन्त स्वीकार कर लिया और उसी समय घोषणा की, "अम्बेडकर को वाइसराय की कौंसिल का सदस्य मनोनीत किया जाता है।"

डा० अम्बेडकर मन ही मन प्रसन्न हुये। किन्तु उन्होंने साथ ही यह भी कह दिया कि जनसंख्या के अनुपात से तो अछूतों के कम से कम तीन सदस्य वायसराय की काउन्सिल में लिये जाने चाहिये। वायसराय ने कहा कि इस पर विचार किया जायेगा।

अम्बेडकर ने इसके उपरान्त अछूतों को सरकारी नौकरी में प्रवेश के लिये आयु सीमा की छूट तथा प्रतियोगिता परीक्षाओं में बैठने के लिए परीक्षा शुल्क में छूट की बात रखी तो वायसराय ने उसको भी स्वीकार कर लिया। अछूतों तथा महारों को जब विदित हुआ कि डा० अम्बेडकर को वाइसराय ने वायसराय की कौंसिल का सदस्य मनोनीत किया गया है तो चारों ओर उनमें प्रसन्नता की लहर दौड़ गई उनके समर्थन में जगह-जगह जुलूस निकाले गए। सभाएं आयोजित की गईं। डा० अम्बेडकर का उत्साह भी देखने योग्य था। उनके मन की मुराद पूरी हो गई थी। शेष की प्राप्ति की आशायें तथा आश्वासन भी उन्हें प्राप्त हो गये थे।

❄❄❄

15

राजनीतिक असंतुलन

सन् 1945 का वर्ष बीता और सन् 1946 का वर्ष आया। इस वर्ष न केवल भारत में अपितु अन्य देशों में भी भारी राजनीतिक उथल-पुथल होती रही। इससे अस्थिरता की स्थिति बनी रही।

निर्वाचनों के अनन्तर ब्रिटिश प्रधानमन्त्री श्री एटली ने 16 मार्च 1946 को घोषणा की कि हम अल्पसंख्यक दलों को बहुसंख्यकों की प्रगति में बाधक नहीं बनने देंगे। डा० अम्बेडकर ने जब यह पढ़ा तो वे सर्तक और सचेत हो गये। उन्होंने महाराष्ट्र कर दौरा कर अछूतों को सावधान किया।

कैबिनेट मिशन

24 मार्च, 1946 को कैबिनेट मिशन भारत आया। उसने भारत के प्रमुख नेताओं से भेंट की। इस अवसर पर उसने मास्टर तारासिंह और डा० अम्बेडकर से विशेष रूप से भेंट की। डा० अम्बेडकर ने दलितों के लिए पृथक निर्वाचन, पृथक आवास और नये संविधान में उनके हितों की सुरक्षा की मांग की। किन्तु कैबिनेट मिशन ने नई संविधान सभा और अन्तःकालीन सरकार की रूप रेखा की घोषणा की। घोषणा में दलित जाति फैडरेशन की मांगों की उपेक्षा की गई थी। परिणामस्वरूप फैडरेशन के कार्यकर्ताओं ने संगठित होकर आन्दोलन आरम्भ कर दिया। दोनों ओर से आन्दोलन होने लगे और उस आन्दोलन में डा० अम्बेडकर का भारतभूषण प्रेस भस्मीभूत हो गया। दलितों के आन्दोलन ने जोर पकड़ा और स्थान-स्थान पर सभायें तथा जुलूस निकाले गये।

केन्द्रीय मिशन ने 16 जून, 1946 में जिसमें 5 कांग्रेसी, 1 कांग्रेसी हरिजन, 5 मुस्लिम लीग और पारसी सिख तथा ईसाइयों का एक-एक प्रतिनिधि लिया गया। इसको न तो कांग्रेस ने स्वीकार किया और न लीग ने। फलतः वायसराय ने 29 जून को 80% अंग्रेजों की काम चलाऊ सरकार

की घोषणा कर दी। अन्तरिम सरकार में डा० अम्बेडकर को प्रतिनिधित्व नहीं मिला था। अतः उनका भी उनको समर्थन नहीं मिला। उन्होंने उस अवसर पर घोषणा की कि दलित समाज के साथ जो अन्याय हुआ है उसके विरुद्ध अछूत को अहिंसात्मक संघर्ष तो करना ही पड़ेगा।

अन्त में 24 अगस्त को अन्तरिम कांग्रेस सरकार की घोषणा की गई। उसमें हरिजनों के प्रतिनिधि के रूप में बाबू जगजीवन राम को लिया गया। डा० अम्बेडकर ने प्रधानमन्त्री इटली को तार दिया कि हरिजनों को कम से कम दो स्थान मिलने चाहिये।

अप्रैल 1946 में डा० अम्बेडकर ने सिद्धार्थ कॉलेज का उद्घाटन किया। तब तक वे बुद्ध और बौद्ध धर्म की ओर आकृष्ट हो गये थे। सिद्धार्थ बुद्ध का पूर्व नाम था। उसी नाम से इस कॉलेज का नामकरण किया गया था।

इन दिनों डा० अम्बेडकर के मन में 'अछूतों के लिए पृथक प्रतिनिधित्व' की बात पुनः जोर मारने लगी। किन्तु अपने इस कार्य में उनको सफलता नहीं मिल रही थी। अम्बेडकर के मन में एक प्रकार की ग्रन्थि-सी बन गई थी। स्वर्ण हिन्दू-मुसलमानों के आगे तो घुटने टेक रहे हैं। किन्तु अछूतों के सम्मुख वे सीना तान लेते हैं। वह नेता जो मुसलमानों के सामने नतमस्तक होते हैं। वे अछूतों के साथ मानवीय व्यवहार करने से भी इन्कार कर देते हैं। अम्बेडकर को लग रहा था कि पग-पग पर उनके साथ अन्याय व अत्याचार हो रहा है। इस सबके कारण अम्बेडकर को हिन्दू नेताओं पर क्रोध आता था।

4 जून, 1946 को एन० शिवराज के नेतृत्व में दलित जाति फैडरेशन की एक बैठक का आयोजन किया गया जिसमें उन्होंने अछूत जातियों को पृथक प्रतिनिधित्व देने की बात कही थी। उनका कहना था कि बिना इस अवस्था के उन्हें विधानसभाओं और परिषदों में स्थान प्राप्त नहीं हो पाएगा।

जून 1946 में अन्तरिम सरकार का शासन था। वह अन्तरिम सरकार कांग्रेस की सरकार थी। अन्तरिम सरकार ने हिन्दू व मुसलमानों के समान प्रतिनिधित्व को तो स्वीकार कर लिया था। किन्तु अछूतों के पृथक मताधिकार पर उसने विचार तक नहीं किया था। अम्बेडकर द्वारा इसके लिए संघर्ष के पश्चात् जो कुछ उनको मिला वह था छः साढ़े छः करोड़ अछूतों के लिए एक प्रतिनिधि।

दलित फाऊन्डेशन अनुभव करने लगा कि कांग्रेसियों और मुस्लिम लीग ने परस्पर बन्दर बांट कर लिया है। उनको लगा कि अछूतों के अधिकारों का सरासर हनन किया गया है। तो अब क्या किया जाए ? यह विकट समस्या थी। उस समय उनको गांधीजी के आन्दोलन का स्मरण हुआ और उन्होंने

अहिंसात्मक आन्दोलन करने का निश्चय किया। इसकी पूर्ति के लिए बम्बई और पूना में अछूतों के विशाल जुलूस निकाले गये। इनकी सफलता से प्रसन्न होकर फिर वर्धा में भी एक जुलूस निकाला गया। उन्होंने यह सिद्ध करना चाहा कि अछूत अब बिखरे हुए नहीं अपितु पूर्णतया संगठित हैं। उनकी मांगों की यूं ही उपेक्षा नहीं की जा सकती।

उधर कांग्रेस व मुस्लिम लीग में अन्तिम सरकार के गठन पर सौदेबाजी हो रही थी। डा० अम्बेडकर को अवसर मिल गया। उन्होंने इसे षडयन्त्र मान कर इसके विरुद्ध ब्रिटिश प्रधानमन्त्री को तार दिया उसमें उन्होंने सरकार के गठन की सारी प्रक्रिया और सांठ-गांठ के विषय में विस्तार से लिखा और उसके साथ ही यह भी लिख दिया कि कम से कम दो स्थान तो उस मंत्रिमण्डल में अछूतों को भी मिलने ही चाहिये।

डा० अम्बेडकर को अपने इस प्रयास में सफलता प्राप्त हो गई। ब्रिटिश सरकार ने उनकी मांग को मान लिया और उसे पूर्ण करने का आश्वासन दिया।

26 जुलाई, 1946 को विधान परिषद् में सरदार बल्लभ भाई पटेल ने एक बिल प्रस्तुत किया जिसमें कहा गया था कि किसी को अछूत मानना अपराध है। इस बिल को अछूतपन विरोधक बिल कहा गया था। विधानसभा में यह बिल स्वीकार कर लिया गया।

इसी वर्ष 1946 में जुलाई में डाक्टर अम्बेडकर ने वायसराय कौंसिल की सदस्यता से त्याग-पत्र दे दिया।

पुनर्विवाह

समाज से सभी बुराइयों को उखाड़ फेंकने में डा० भीमराव को अपनी शारीरिक व मानसिक शक्ति का बहुत भारी हिस्सा खर्च करना पड़ता था। धर्म पत्नी के निधन के बाद से उनका जीवन अकेला हो गया था न सोने का समय, न खाने का समय। फलस्वरूप उनका शरीर कमजोर हो गया डाक्टरों ने उन्हें मधुमेह का रोगी घोषित किया। आखिरकार उन्हें अस्पताल में भर्ती होना पड़ा। श्री कृष्णराव बी० कबीर की पुत्री डा० शारदा कबीर को ही उनकी चिकित्सा का कार्य सौंपा गया।

वहीं से उनमें घनिष्टता बढ़ी। 1948 में वह दोनों अदालती विवाह के तहत परिणय सूत्र में बंध गये।

डा० आर० जाटव ने अपनी पुस्तक 'डा० अम्बेडकर व्यक्तित्व एवं कृतित्व' के पृष्ठ 80-81 पर जो उनके जीवन में विवाह के सम्बन्ध में विवरण दिया है वह निम्न प्रकार है–

डा० साहब को एक ओर बम्बई में अपने नवनिर्मित 'राजगृह' में प्रवेश की खुशी थी तो दूसरी और उन्हें पत्नी वियोग का दुख सहना पड़ा। परन्तु बाबा साहब ने अपने अकेलेपन को अपना दुर्भाग्य नहीं समझा। वह विद्याध्ययन और ग्रन्थ रचना में लीन रहने लगे। वे दिन रात ग्रंथ में डूबे रहते थे..... पारिवारिक अकेलापन उन्हें वरदान सिद्ध हुआ।

वह योगीपुरुष सन् 1935 से लेकर 1947 तक ब्रह्मचारी की तरह रहे। लेकिन महान लोगों की बड़ी बातें हुआ करती हैं। डाक्टरों ने उन्हें सलाह दी थी कि वह विवाह कर लें वो भी किसी डा० महिला से ताकि आपकी देखभाल सही रूप से हो सके। यह आपके लिए फायदेमन्द रहेगा। घर में निजी देखभाल के लिए कोई नहीं था। मधुमेह रोग के कारण उन्हें इन्सुलिन का टीका रोज लगा करता था। यदि घर पर ही कोई डा० महिला हो तो उनकी परेशानियां कम हो सकती थीं।

मिस डा० कबीर जो कि अस्पताल में उनकी चिकित्सा करती थीं। उनकी उम्र 40 वर्ष थी। डा० मावलंकर ने डा० अम्बेडकर को फिर सलाह दी कि उन्हें किसी डा० महिला से पुनर्विवाह कर लेना चाहिये। इतना ही नहीं उन्होंने मिस डा० शारदा कबीर का नाम भी सुझाया। डा० अम्बेडकर अस्पताल में पूरे एक हफ्ता तक डा० शारदा कबीर द्वारा की गई सेवा से प्रभावित तो थे ही, उन्हें लगा सिर्फ वह ही उनके लिए एक अच्छी गृहणी साबित हो सकती हैं।

डा० अम्बेडकर के कुछ भक्तों व अनुआइयों के विचार में मिस डा० कबीर एक उत्तम पसन्द नहीं थीं एक तो वह जाती से ब्राह्मण थीं व उनकी उम्र भी ढल चुकी थी। डा० अम्बेडकर का कहना था कि उनकी देखभाल कौन करेगा इसलिये डा० श्री वी० के० गायकवाड़ ने यह सुझाव दिया कि वह अपनी साली को उनकी देखभाल के लिए भेज देगें। वह एक पढ़ी-लिखी महार लड़की है। डा० अम्बेडकर टाल गये। डा० श्री वी० के० गायकवाड़ ने अपनी साली के विवाह का प्रस्ताव भी रखा। लेकिन डा० अम्बेडकर डा० शारदा कबीर से विवाह करने की ठान चुके थे।

इस घटना से महाराष्ट्र में तनाव का वातावरण पैदा हो गया। एक अछूत एक ब्राह्मणी से विवाह करने वाला था। सारे महाराष्ट्र से इसका विरोध हुआ। पटेल व नेहरू जी भी कुछ न कर सके, वह ऐतिहासिक विवाह नियत था।

डा० कबीर जहाज द्वारा 11 बजे दिल्ली पहुंच गईं। 14 अप्रैल 1948 को ठीक 2 : 30 मिनट पर उनका विवाह सम्पन्न हो गया। दिल्ली के डिप्टी कमिश्नर श्री रामेश्वर दयाल रजिस्ट्रार के रूप में वहाँ उपस्थित थे।

डा० अम्बेडकर के शब्दों में उन्हें इस विवाह से कोई विशेष आराम प्राप्त

नहीं हुआ। बल्कि शारीरिक व मानसिक परेशानियों में बढ़ोतरी ही हुई। कालान्तर में उनकी यह परेशानियां राजमहल में झगड़े बन कर गूंजी।

श्रीमती डा० अम्बेडकर (डा० कबीर) डा० अम्बेडकर के भक्तों व सेवकों से कठोर व्यवहार करती थीं। कुछ को तो वह कोठी में आने ही नहीं देना चाहती थीं। उनमें एक था महार जाति का लड़का सुदामा। श्रीमती अम्बेडकर उसको भी बुरा भला बोल देती थीं। डा० अम्बेडकर स्वयं उसे बहुत प्यार करते थे।

एक दिन डा० अम्बेडकर के सब्र का बांध टूट गया और उन्होंने श्रीमती अम्बेडकर को कह डाला। तुम यहाँ कुम्भ का मेला घूमने आई हो या मेरी सेवा देखभाल करने के लिये ? तुमने वादा किया था कि तुम मेरे खाने-पीने का ख्याल करोगी। किन्तु तुम्हें मेरी गैरहाजिरी में सारा दिन आवारागर्दी से फुरसरत नहीं मिलती। तुम सबने मिल कर मुझे धोखा दिया है। तुम्हें न तो पढ़ने का शौक है न ही लिखने का और न ही तुम्हारे पास मेरी देखभाल के लिए समय ही है। तुम तो यहाँ सिर्फ मौज करने आई हो।

दबे-दबे सुरों में कुछ लोग डा० अम्बेडकर की अकाल मृत्यु का कारण उनके कलह पूर्ण गृहस्थ को ही मानते हैं।

संविधान के उपबन्ध

बाबा साहब भीमराव अम्बेडकर को संविधान की मसौदा (प्रारूप) कमेटी का अध्यक्ष बनाया गया था 30 अगस्त 1947 को बाबा साहब ने संविधान में अनुसूचित जातियों व अनुसूचित जनजातियों के लिये ये मुद्दे शामिल किए :

राज्य जनता के कमजोर तबकों के विशेषतः अनुसूचित जातियों तथा अनुसूचित जनजातियों की शिक्षा तथा उनके आर्थिक अधिकारों की विशेष सावधानी से उनके विकास की देखरेख तथा इसके साथ ही सामाजिक शोषण तथा अन्य सभी प्रकार के अन्यायों से उनको संरक्षण प्रदान करेगा।

शिक्षा : अनुसूचित जातियों और जनजातियों के लिए शिक्षा संस्थाओं द्वार सामाजिक अन्याय घृणा अस्पृयता और भेदभाव के कारण बंद थे। अनुच्छेद 29(2) में निम्न उपबन्ध किया गया।

"राज्य द्वारा घोषित अथवा राज्य-विधि से सहायता पाने वाली किसी शिक्षा संस्था में प्रवेश से किसी भी नागरिक को केवल धर्म, मूलवंश, जाति, भाषा अथवा इनमें से किसी के भी आधार पर वंचित न रखा जाए।"

आरक्षण : "संघ या राज्य के कार्यों से ससंक्त सेवाओं (नौकरियों) और पदों (Post) पर नियुक्ति करने में प्रशासन कार्यपटता (कार्यकुशलता)

बनाये तथा संगति के अनुसार रखने के लिए अनुसूचित जातियों जनजातियों के सदस्यों के दावों का ध्यान रखा जाए (अनुच्छेद 335)।

संविधान के अनुच्छेद 330 द्वारा लोकसभा में अनुसूचित जातियों और जनजातियों के लिए और राज्य विधानसभाओं में अनुच्छेद 332 के तहत स्थान आरक्षित किए गए हैं। यह स्थान सम्बन्धित राज्यों में अनुसूचित जातियों और जनजातियों की जनसंख्या के प्रतिशत के आधार पर आरक्षित किए गए हैं।

अवसर की क्षमता : अनुच्छेद 15 में धर्म, मूलवंश जाति, लिंग, जन्मस्थान अथवा इनमें से किसी के आधार पर किए जाने वाले भेद-भावों को समाप्त किया गया है। संविधान लागू होने से पूर्व अनुसूचित जातियों व जनजातियों के साथ उनकी जाति के कारण उन्हें विभिन्न प्रकार के भेद-भावों का सामना करना पड़ता था, उनकी ये तथाकथित नीच जाति ही जिसने उन्हें मानवता के दर्जे से भी गिरा दिया और कई सदियों तक गुलामी में जकड़े रखा जाति भेद को कानूनी मौत की नींद सुला दिया।

अनुसूचित जातियों व जनजातियों को अवसर की समता प्रदान की गई जो उन्हें पहले प्राप्त नहीं थे। अनुच्छेद 16 में निम्न उपबन्ध किया गया :(1) राज्याधीन नौकरियों या पदों पर नियुक्ति के सम्बन्ध में सब नागरिकों के लिए अवसर की समता होगी।

(2) केवल धर्म, मूलवंश, जाति, लिंग, उद्भव जन्म स्थान, निवास अथवा इनमें से किसी के आधार पर किसी नागरिक के लिए राज्याधीन किसी नौकरी या पद के विषय में न अपात्रता होगी और न भेदभाव किया जाएगा।

सब नागरिकों को अनुच्छेद 19(1) द्वारा (1) शांतिपूर्वक और शस्त्रों के बगैर सम्मेलन का, (2) संस्था का संघ बनाने, (3) भारत राज्य क्षेत्र मे सर्वत्र अवधि संचरण का, (4) भारत राज्य क्षेत्र के किसी भाग में निवास करने और बस जाने को, (5) सम्पत्ति के अर्जन, धारण और व्यय का, (6) कोई वृत्ति, उपजीविका, व्यापार या कारोबार करने का अधिकार दिया गया। जबकि संविधान के इस अनुच्छेद से पूर्व अनुसूचित जातियों और जनजातियों को ये अधिकार प्राप्त नहीं थे। पंजाब में अनुसूचित जातियों व जनजातियों के लोगों को भूमि खरीदने का हक नहीं था। भारत राष्ट्र के अन्य कई प्रांतों में भी ऐसे अनेक प्रतिबंध व्यवहार में थे। अनुसूचित जातियों और जनजातियों के लोग अपनी पसंद का व्यवसाय नहीं कर सकते थे। क्योंकि उन्हें मुर्दे उठाना, पशुओं की खाल खींचना गंदगी उठाना, सफाई करना, बेगार व बन्धक मजदूरी आदि व्यवसाय ही करने पड़ते थे। अनुच्छेद 19 ने दलित वर्गों-अनुसूचति जातियों व जनजातियों के लिए जीवन-यापन के अन्य व्यवसाय तथा उन्नति

के मार्ग खोल दिए।

विशेष पदाधिकारी की नियुक्ति : संविधान के अनुच्छेद 338 द्वारा अनुसूचित जातियों व जनजातियों के लिए एक विशेष पदाधिकारी की नियुक्ति राष्ट्रपति द्वारा किए जाने का प्रावधान है।

अछूतपन एक अपराध : संविधान के अनुच्छेद 17 द्वारा छुआ-छूत को समाप्त किया गया। अछूतपन की किसी निर्योग्यता को लागू करना अपराध और कानून के अनुसार दंडनीय घोषित किया गया।

बेगार समाप्त : संविधान के अनुच्छेद 23(1) में उपबन्ध किया गया ! "बेगार तथा इस प्रकार का अन्य जबरदस्ती लिया हुआ काम (श्रम) निषेध किया जाता है। और इसका उल्लघंन अपराध व दंडनीय" घोषित किया गया।

शोषण के विरुद्ध उपबन्ध : संविधान के अनुच्छेद 24 में उपबन्ध किया गया कि, "चौदह वर्ष से कम उम्र के किसी भी बच्चे को किसी फैक्टरी अथवा खान में नौकर न रखा जाएगा और न ही किसी अन्य खतरनाक नौकरी में लगाया जाएगा।

संविधान में अनुसूचित जातियों व अनुसूचित जनजातियों को देश के अन्य नागरिकों के समान जो मौलिक अधिकार व अन्य सभी अधिकार बाबा साहब अम्बेडकर के अथक परिश्रम के फलस्वरूप ही प्राप्त हो पाये।

देश के प्रति सेवाएँ (१)

यों देश की आजादी में और आजाद कराने में बहुत लोगों ने अपना योगदान व कुर्बानियाँ दी हैं। किंतु हम यहाँ ये बताना चाहते हैं कि आजादी की लड़ाई में बाबा साहब भीमराव अम्बेडकर का भी उसमें योगदान रहा है और उसके लिए उन्होंने क्या-क्या प्रयत्न किए। बाबा साहब भीमराव अम्बेडकर महान समाजशास्त्री, शिक्षाविद् व दार्शनिक थे, उन्हें अपने समाज व देश का पूरा मान था। बाबा साहब राष्ट्र की परिभाषा देते हुए कहते हैं ... समाज राष्ट्र देश जैसे शब्द यदि जटिल या संदिग्ध नहीं हैं। तो मिले-जुले अवश्य हैं राष्ट्र एक शब्द अवश्य है लेकिन इसमें बहुत से वर्ग सम्मिलित हैं। दार्शनिक दृष्टि से राष्ट्र को एक इकाई मानना ठीक हो सकता है लेकिन सामाजिक दृष्टि से ऐसा नहीं हो सकता है क्योंकि राष्ट्र अनेक वर्गों का समूह है। यदि राष्ट्र की स्वतन्त्रता को वास्तविक रूप देना है तो उसमें रहने वाले विभिन्न वर्गों की स्वतन्त्रता भी कायम रखनी चाहिए, मुख्यतः उन लोगों की जो दास और शोषित हैं। बाबा साहब ने राष्ट्रीयता को अपने शब्दों में यों व्यक्त किया, "यह वह संगठित स्थायी भाव है, जो जिन लोगों में पाया जाता है यह उन्हें अनुभव कराता है। कि वे सगे भाई-बहन हैं।"

इसी तरह राष्ट्रवाद को भी उन्होंने अपने शब्दों में यों व्यक्त किया है, ''यह अपनत्व की चेतना का भाव है। जो एक ओर जिनमें पाई जाती है, उन्हें साथ-साथ लाकर बिठा देती है और यह इतनी बलवती होती है कि सभी प्रकार के भेदभावों को जो आर्थिक संघर्ष या सामाजिक स्तरों से उत्पन्न होते हैं, उन्हें दबाकर रख देती है। बाबा साहब के राजनीतिक विचारों के अनुसार सच्चे राष्ट्रवाद के लिए दो बातों का होना आवश्यक है। (1) राष्ट्र के सन्दर्भ में, राष्ट्रवाद स्थायी रूप में नहीं टिक सकता (2) अंतर्राष्ट्रीय क्षेत्र में राष्ट्रवाद का आधार मानव प्रगति एवं भलाई होना चाहिए अन्यथा संकुचित राष्ट्रवाद संघर्ष एवं युद्धों को जन्म दे सकता है।

राष्ट्रवाद की भावना : बाबा साहब इस विषय को यों व्यक्त करते हैं। राजनीति काल का विषय नहीं है। क्योंकि एकता केवल बाहरी चीजों का योग करने से ही स्थापित नहीं हो जाती। ''बिना सामाजिक एकता के, राजनीतिक एकता प्राप्त करना कठिन है। और यदि प्राप्त भी कर ली जाए तो यह कार्य उस मौसमी पौधे के समान होगा जो मामूली हवा के झोंके से जड़ से उखड़ जाएगा।

बाबा साहब ने राष्ट्रवाद को परिभाषित करते हुए कहा है कि राष्ट्रवाद के लिए सांस्कृतिक व भौगोलिक क्षेत्र की एकता होना आवश्यक है। बाबा साहब ने देशभक्ति को यों परिभाषित किया है : ''भारत में कोई देशभक्त अथवा कोई राष्ट्रवादी वह माना जाता है जो अपनी खुली आंखों से अपने ही साथियों को मानव प्राणियों से कम की स्थिति में देखता रहता है। लेकिन उसकी मानवता इसके प्रति विद्रोह में उठ खड़ी नहीं होती। वह यह जानता है कि स्त्री पुरुष को किसी कारण के बिना उनके मानवीय अधिकारों से उन्हें वंचित रखा जाता है। लेकिन इससे भी उसकी नागरिक भावना अच्छे कार्य के लिए उत्तेजित नहीं होती वह देखता है कि बहुत से लोगों के लिए पब्लिक रोजगार के द्वारा बंद कर दिए गए हैं, लेकिन इससे भी उसकी न्याय एवं अच्छाई की भावना जागृत नहीं होती। सैकड़ों बुरे, व्यवहार जो मनुष्य तथा समाज को पीड़ा पहुँचाते हैं, उसके द्वारा देखे जाते हैं, लेकिन ये बुराइयाँ उसे असंतोष के रोग से ग्रस्त नहीं बना पातीं। देशभक्त की केवल एक ही प्रकार है उसके तथा उसके वर्ग के लिए शक्ति तथा और अधिक शक्ति। मुझे खुशी है कि मैं ऐसे देशभक्त की श्रेणी से कोई ताल्लुक नहीं रखता हूँ।'' इसी प्रकार बाबा साहब भीमराव अम्बेडकर जेल-यात्रा की व्याख्या इस प्रकार करते हैं : ''भारत में जेल-यात्रा को बलिदान की एक कृति समझा जाता है। जेल जाने को न केवल देशभक्ति समझा जाता है बल्कि इसे एक वीरता का काम भी माना जाता है। बहुत सारे ऐसे लोग है जिनकी कभी

कोई पूछ पड़ताल न थी और जिनके मामले में सही तौर पर कहा जा सकता है कि वे दुष्ट दुराचारी थे, जिन्होंने राजनीति को अपनी अंतिम शरण के तौर पर अपनाया था, वे जेल जाकर शहीद बन बैठे और उन्होंने वो नाम व प्रसिद्धि हासिल की जो आश्चर्यजनक है। जेल के जीवन में अब भयभीत होने वाली कोई बात नही रहीं। यह केवल एक बंदीपन-सा रह गया है। राजनीतिक बंदियों के साथ अब अपराधियों जैसा व्यवहार नहीं किया जाता उनको अलग श्रेणी में रखा जाता है। जेल-जीवन में कोई कड़ाई अथवा कष्ट नहीं, न इसमें प्रतिष्ठा ही छिनती है और इसमें सुख का अभाव भी नहीं है। जेल यात्रा में कोई वीरता भी नहीं है।''

अंग्रेजी राज से टक्कर

सन् 1930 के लंदन गोलमेज सम्मेलन में भारतीय आजादी के संघर्ष में पहली बार भारतीयों को एक मौका दिया गया कि वे अपने राष्ट्र के भावी संविधान और उसकी स्वतंत्रता के प्रश्न को उठा सकें।

भारतीय राष्ट्रीय कांग्रेस ने पहले गोलमेज सम्मेलन का विरोध किया परंतु दूसरे गोलमेज सम्मेलन में उसने महात्मा गांधी को अपना प्रतिनिधि बना के सम्मेलन में भेजा था। उस समय कांग्रेस और महात्मा गांधी एक लक्ष्य बना के इस सम्मेलन में गये थे कि भारत को डोमीनियन राज्य का दर्जा मिल जाए।

डोमीनियन राज क्या होता है : इसका राजनीतिक अर्थ ये होता हैं कि प्रदेशों की सरकारों की बागडोर तो भारतीयों के हाथों में होगी किंतु केंद्रीय सरकार अंग्रेजों के हाथों में होगी। कांग्रेस और गांधी जी इस बात के लिए राजी थे किंतु बाबा साहब भीमराव अम्बेडकर को ये मंजूर न था और उन्होंने भारत के राजनीतिक भविष्य के निर्णय का हक अंग्रेजी राज को देने से मना कर दिया। सन् 1930 के इस गोलमेज सम्मेलन में अंग्रेजी सरकार को चुनौती देते हुए बाबा साहब भीमराव अम्बेडकर ने कहा, ''हमारे साथ अन्याय स्पष्ट रूप में हो रहे हैं और उन्हें अभी तक मिटाया नहीं गया है। हालांकि ब्रिटिश शासन के 150 वर्ष यों ही गुजर गए हैं। ऐसी सरकार किस के लिए है। यह वह सरकार है जो यह जानती है कि पूंजीपतियों ने मजदूरों को अच्छी तनख्वाह तथा काम की अच्छी स्थितियों का निषेध कर रखा है। और वह यह भी महसूस करती है कि जमींदार जनता का खून चूस रहे हैं और फिर भी उसने उन सामाजिक बुराइयों का अंत नहीं किया जिन्होंने पद दलितों के जीवन को वर्षों से धूमिल कर रखा है। यद्यपि सरकार के पास इन बुराइयों को समाप्त करने की कानूनी शक्तियाँ हैं। फिर भी उसने सामाजिक एवं

आर्थिक जीवन की वर्तमान संहिता को नहीं बदला क्योंकि उसको भय था ऐसा करने से उसके शासन के प्रति विरोध पैदा होगा। हमें ऐसी सरकार चाहिए जहाँ सत्ता में लोग देश के सर्वोत्तम हितों के प्रति अविभाज्य, भक्ति भाव दिखा सकें। हम ऐसी सरकार चाहते हैं जहाँ सत्ता में लोग, यह जानते हुए कि आज्ञाकारिता का अंत कहाँ होगा और विरोध कहाँ प्रारम्भ होगा, जीवन की उस सामाजिक एवं आर्थिक संहिता में संशोधन करने से भयभीत नहीं होंगे जिसे न्याय एवं उपयोगिता की माँ चाहती है। ब्रिटिश सरकार इस भूमिका को कभी भी नहीं निभा पायेगी, अतः केवल स्वराज्य के संविधान में ही हमें राजसत्ता प्राप्त करने का अवसर मिल सकता है। स्वराज्य के बिना हम अपने लोगों को मुक्त नहीं कर सकते। भारत में नौकरशाही की जगह जनता की, जनता द्वारा और जनता के वास्ते सरकार स्थापित की जाए अर्थात् वह केंद्र में अंग्रेजी सरकार की जगह भारतीयों की अपनी सरकार हो।

१९३७: यहाँ बाबा साहब भीमराव अम्बेडकर अपनी स्वतन्त्र मजदूर पार्टी के बारे में बताते हुए कहते हैं। भारत की स्वतंत्रता एक अति शीघ्र जरूरत है। इसको टाला नहीं जा सकता।

१९३९: सन् 1939 में 29 जनवरी को गोलमेज सम्मेलन के दौरान दिए अपने एक भाषण में उन्होंने अपनी मांगों को पुनः दोहराया : "केंद्र में ज़िम्मेवारी को हवा में लटकते देकर प्रादेशिक स्वराज्य से चिपके रहने का कोई अर्थ नहीं, कोई लाभ नहीं, मुझे यकीन है कि केंद्र में (सरकार) वास्तविक जिम्मेदारी के बगैर प्रादेशिक-स्वराज्य एक खाली छिलका मात्र होगा।

बाबा साहब भीमराव अम्बेडकर ने अंग्रेजी राज से विभिन्न मसलों पर लोहा लिया। इन सारे संघर्षों का विवरण अंग्रेजी सरकार द्वारा छापी गई पुस्तक 'ट्रांसफर ऑफ पावर' में दिया है।

बाबा साहब भीमराव अम्बेडकर ने अपने अनेक भाषणों व वक्तव्यों में बार-बार ये बात दोहराई : मैं जानता हूँ मेरी स्थिति को देश में अच्छी तरह समझा नहीं गया है प्रायः उसे गलत ही समझा गया है इसलिए मैं चाहता हूँ कि अपनी स्थिति को इस अवसर पर स्पष्ट करूँ। मैं यह कहता हूँ कि जब कभी भी मेरे व्यक्तिगत हितों और देश के हितों के बीच कोई विरोध पैदा हुआ है तो मैंने सदैव अपने देश के हितों को अपने व्यक्तिगत हितों से ऊपर रखा है। मैंने कभी भी निजी स्वार्थ का मार्ग नहीं अपनाया... जहाँ तक देश की मांगों का प्रश्न है मैं कभी भी पीछे नहीं रहा।" इस तरह बाबा साहब भीमराव बार-बार देश की पूर्ण आजादी की मांग को विभिन्न मंचों से उठाते रहे और अंग्रेजी राज से टक्कर लेते रहे।

एकता के ध्वजवाहक

बाबा साहब भीमराव अम्बेडकर देश की एकता और अखंडता के समर्थक थे जिसके कुछ उदाहरण इस प्रकार हैं : (1) बाबा साहब ने पाकिस्तान की योजना पर अपना मत इस प्रकार दिया : सन् 1939 में श्री जिन्ना ने एक कुदाल ली और पाकिस्तान के पक्ष में वह शैतानी प्रस्ताव पारित करते हुए मुसलमानों को पृथक करने की खतरनाक एवं विनाश करने वाली अलगाव की नीति की रूप रेखा तैयार की। इस अलगाव का क्या कारण है? कोई कारण नहीं केवल विचारधारा में परिवर्तन कि मुसलमान एक राष्ट्र है एक जाति नहीं। किसी व्यक्ति को इस प्रश्न पर झगड़ना नहीं चाहिए कि मुसलमान एक राष्ट्र है अथवा जाति। राजनीतिक अलगाव एक सुरक्षित और सार्थक नीति का द्योतक है। परंतु मुसलमान यह विचार करें कि मुस्लिम लीग को मुसलमानों का एक मात्र संगठन बनाकर श्री जिन्ना ने क्या पाया। मुस्लिम लीग की राजनीति की अपेक्षा क्या कोई और राजनीति इतनी बेकार हो सकती है मुस्लिम लीग ने अल्पसंख्यक मुसलमानों को सहायता देना प्रारम्भ किया और बहुसंख्यक मुसलमानों के हितों का आलिंगन करते हुए उसे समाप्त किया। मुस्लिम लीग के मौलिक लक्ष्य में किस प्रकार का हेर-फेर हुआ, किस प्रकार मुस्लिम लीग का पतन ऊंचे से एक हास्यास्पद स्थिति तक हुआ। हिंदू राज्य के विपरीत विभाजन का विकल्प व्यर्थ की अपेक्षा ज्यादा बुरा है।

(2) पाकिस्तान की योजना के मसौदे को रद्द करने के बाद बाबा साहब ने सन् 1947 में देश को एकजुट रखने का दूसरा प्रयास किया। जब आल इंडिया मुस्लिम लीग संविधान सभा जो 1946 में बन चुकी थी उसकी प्रथम सभा में भाग लेते हुए उन्हें संविधान के निर्माण में योगदान करने को कहा, जिससे कि देश का विभाजन टल जाए। सभा को सम्बोधित करते हुए बाबा साहब ने कहा : "राष्ट्रों के भविष्य का फैसला करते समय जनता के गौरव, नेताओं की प्रतिष्ठा अथवा राजनीतिक दलों के महत्व पर कुछ विचार नहीं किया जाना चाहिए। देश की प्रतिष्ठा का ही पूरी तरह से ख्याल किया जाना चाहिए।" फिर बाबा साहब आगे कहते हैं। "मुझे यह कहने में कोई झिझक नहीं है कि मुस्लिम लीग के हिन्दुस्तान का विभाजन कराने के लिए चलाए जा रहे आंदोलन के बावजूद एक ऐसा भी दिन आएगा जब वह भी महसूस करेगी कि अखंड भारत ही सबके लिए हितकर है।"

(3) भारत का बंटवारा न हो इसके लिए बाबा साहब ने एक और प्रयास किया जिसमें उन्होंने ब्रिटिश सरकार, हिंदुओं और मुसलमानों के सामने एक मसौदा पेश किया। तीनों पक्षों की आसानी के लिए उन्होंने इस योजना को

एक बिल के मसौदे के रूप में पेश किया इसका नाम हिंदुस्तान सरकार (प्रारम्भिक उपबन्धों का) कानून रखा। बिल के मसौदे में उन्होंने निम्नलिखित बातें सुझाई थीं :

(1) यदि सरकार द्वारा सुनिश्चित तिथि व छः माह के अंदर उत्तर पश्चिमी सीमा प्रांत, पंजाब, सिंध और बंगाल के बहुसंख्यक मुसलमान प्रस्ताव पास करें कि मुस्लिम प्रबलता वाले प्रांत हिंदुस्तान से अलग कर दिए जाएं तो अंग्रेजी सरकारी मुसलमानों ओर गैर-मुसलमानों में अलग-अलग जनमत कराए।

(2) यदि मुसलमानों की अधिकतर जनसंख्या अलग होने और गैर-मुसलमान की अबादी बरतामवी हिंदुस्तान से अलग होने के विरोध में हा तो एक सीमा आयोग बनाया जाए जो मुस्लिम बहुसंख्या वाले क्षेत्रों का पता लगायेंगे। ऐसे इलाकों को जिलों में बांट दिया जाए। ये जिले Scheduled District अर्थात् अनुसूचति जिलों के नाम से पुकारे जाएं। पश्चिम के इन अनुसूचित जिलों को पश्चिमी पाकिस्तान और उत्तर में स्थित जिलों को पूर्वी पाकिस्तान का नाम दिया जाए।

(3) अनुसूचित जिलों में एक और जनमत यह पता लगाने के लिए कराया जाए कि वे तुरंत अलग होने के पक्ष में हैं कि नहीं- यदि जनमत तुरंत अलग होने के समर्थन में न हो और हिंदुस्तान और पाकिस्तान का एक ही संविधान हो और यदि जनमत तुरंत अलग होने के पक्ष में हो तो हिंदुस्तान और पाकिस्तान के लिए अलग-अलग दो संविधान होंगे।

(4) हिंदुस्तान और पाकिस्तान दोनों में सुखद सम्बन्ध कायम रखने के उद्देश्य से एक परिषद् होगी जिसको हिंदुस्तान और पाकिस्तान की लोकसभाएँ चुनेंगी।

(5) इस योजना के लागू होने के दस वर्ष बाद तक इसमें किसी प्रकार के परिवर्तन को स्वीकार नहीं किया जाएगा।

बाबा साहब की योजना (Plan) था कि हिंदुस्तान और पाकिस्तान का कम से कम दस सालों के लिए एक संयुक्त संघ बने। लेकिन फिर भी अगर दस साल के बाद भी पाकिस्तान एक अलग राष्ट्र होने का अपना इरादा नहीं बदलता तब उसे पूर्णतः अलग कर दिया जाए। कई वर्षों बाद बाबा साहब के हिंदुस्तान पाकिस्तान के संयुक्त संघ की योजना को पाकिस्तान बनने के बाद डा० राम मनोहर लोहिया और श्री जय प्रकाश नारायण ने एक बार फिर पुनः दोहराने का प्रयास किया था, किंतु तब तक बहुत देर हो चुकी थी।

(4) जब देश के बड़े-बड़े नामी गिरामी नेताओं ने साम्प्रदायिकता के आगे हार मान ली तब एक बार फिर बाबा साहब अम्बेडकर ने यह प्रयास

किया कि अधिक से अधिक इलाका भारत में रहे। इसके लिए उन्होंने सीमा आयोग के सामने तथ्य प्रस्तुत किए और सिक्खों को प्रेरित किया कि वे भी भारत में अधिक इलाका हासिल करने के लिए अंग्रेजी हुकूमत पर दबाव डालें।

(5) बाबा साहब ने देश की एकता को बनाये रखने के लिए लगातार प्रयास जारी रखे और पाकिस्तान के बनते ही जब लोगों (जनसंख्या) के तबादले का सवाल आया तब बाबा साहब भीमराव ने पहले एक मशवरा दिया कि लोगों (जनसंख्या) के तबादले अर्थात् पाकिस्तान से हिंदुओं का और भारत से मुसलमानों का शांतिपूर्वक ढंग से सरकार द्वारा किया जाए। लेकिन कुछ नेता राजी न हुए जिसके परिणामस्वरूप लाखों लोगो को साम्प्रदायिक दंगों के कारण घरों से उजड़ना पड़ा, हजारों घरों को जला कर राख कर दिया गया। लाखों लोग बरबाद हो गए, अनेकों को मौत के घाट उतारा गया, हजारों नवयुवतियों से बुरा सलूक हुआ और इन साम्प्रदायिक दंगों में ऐसे-ऐसे जुल्म हुए कि इंसानियत भी शर्मा जाए और देश के सभी नेता देश में हो रहे इन दानवीय दंगों के नंगे नाच को बड़ी बेबसी से खामोश हो के देख रहे थे। परंतु बाबा साहब अम्बेडकर ने जनंसख्या की इस अदला-बदली के मामले में भी ठोस कदम उठाये। इस सम्बन्ध में उन्होंने प्रधानमंत्री को एक खत भी लिखकर तथा इस सारे मामले को प्रेस व जनता में उभारा और सेना को पाकिस्तान से सुरक्षित व शांतिपूर्वक तरीके से लोगों को निकालने के लिए भेजा गया, इस काम को महार रेजीमेंट ने बहुत ही सराहनीय ढग से अंजाम दिया।

बाबा साहब अम्बेडकर ने जो योगदान (Contribution) देश की अखंडता के लिए किया हो या एकता के लिए उनके हर प्रयास से देश भक्ति का भाव तो उजागर हुआ ही है साथ ही लाखों ऐसे लोगों की मदद भी की जब उन्हें कोई सुरक्षा प्रदान करने वाला न था उनके ये प्रयास ऐतिहासिक कार्य की शक्ल में याद किए जाते रहेंगे।

भारत में रियासतों का विलय

बाबा साहब अम्बेडकर ने रियासतों को भारत में मिलने की बार-बार माँग की।

१९३१: सन् 1931 में लंदन में हुई गोलमेज कान्फ्रेंस की संघीय स्ट्रक्चर कमेटी की सितम्बर 16, 1931 को हुई बैठक में बाबा साहब ने रियासतों के चरमराते प्रशासन की निंदा करते हुए माँग की कि रियासती जनता को चुनावों द्वारा अपने उम्मीदवार चुनने (निर्वाचित) का हक दिया जाए बाबा

साहब ने कहा कि रियासती राजा लोग प्रशासन को साम्राज्य तरीके से चलाते हैं, जिससे वे खुद को दूसरों से सर्वश्रेष्ठ मानकर अपनी रियासतों का प्रशासन चलाते हैं जो कि ठीक नहीं है।

इस सब के चलते बाबा साहब भीमराव का बैठक में महाराजा बीकानेर से सीधा टकराव हुआ। परंतु उन्होंने बिना विचलित हुए रियासती जनता की और उनके राजाओं और महाराजाओं की ज्यादतियों को बेपर्दा कर दिया।

१९३९: बाबा साहब भीमराव ने सन् 1939 की जनवरी 29 को पूना के गोखले हाल में दिए अपने भाषण में कहा, "627 रियासतों में केवल दस रियासतें ऐसी हैं जिनकी वार्षिक आमदनी एक करोड़ से अधिक है। इन दस रियासतों की आमदनी दो से सवा दो करोड़ रुपये है। एक रियासत की आमदनी सवा तीन करोड़ रुपये माना है और एक रियासत की आमदनी लगभग 8 करोड़ रुपये है। नौ रियासतैं ऐसी हैं। जिनकी आमदनी एक रोड़ से पचास लाख रुपये के बीच है। बीस रियासतें ऐसी हैं जिनकी आमदनी 50 से 25 लाख रुपये के बीच है। तीस रियासतों की आमदनी 25 लाख रुपये और दस लाख के मध्य है। बाकी 565 रियासतों की आमदनी दस लाख रुपये से कम है। इससे यह अनुमान नहीं लग सकता कि 10 लाख रुपये की वार्षिक से कम आमदनी वाली रियासतें कितनी छोटी हैं, इसलिए कुछ उदाहरण दि्ए जाते हैं। इन 565 रियासतों में एक रियासत ऐसी है जिसकी आय 500 रुपये और जनसंख्या 206 व्यक्ति है एक और रियासत की जनसंख्या 125 है और आमदनी 165, एक रियासत की आमदनी 136 रुपये और जनंसख्या 239 व्यक्ति है। एक रियासत की आमदनी 128 रुपये और जनसंख्या 147 व्यक्ति है। एक रियासत की आमदनी 80 रुपये है और जनंसख्या 27 व्यक्ति है। ये सारी रियासतें स्वायत्त हैं (Autonomous state) "इन रियासतों के प्रशासन पर अव्यवस्था और कुशासन की कहावत पूरी उतरती हैं, इन रियासती राजाओं को पेन्शन (प्रिवी-पर्स) देकर उनकी रियासतों को प्रान्तों में मिला देना चाहिए। रियासती राजाओं को प्रिवी-पर्स देना कोई क्रांतिकारी सुझाव नहीं है। राजाओं को पेन्शन देना और उनकी रियासतों को प्रान्तों में मिलाना एक विधि युक्त ढंग है। जो लोग इस व्यवस्था के खिलाफ हैं। वह राजा के शासन करने के अधिकार को उसका वंशानुगत अधिकर बतायेंगे किंतु राजा का प्रशासन करने का हक अधिक महत्वपूर्ण है अथवा जनता की भलाई आवश्यक है।

१९४७: सन् 1947 में हैदराबाद रियासत के शासक निजाम की निंदा करते हुए बाबा साहब अम्बेडकर बोले : "यह निजाम के अपने हित में है कि वह अपने रियासत का भारत में विलय कर दे।" निजाम की ओर

टाल-मटोल करने पर बाबा साहब भीमराव ने अनुसूचित जातियों को सुझाव देते हुए कहा, ''कि कोई भी अनुसूचित जातीय व्यक्ति हैदराबाद निजाम जैसे भारत के शत्रु का साथ देकर सम्प्रदाय को कंलकित न करे।'' बाबा साहब भीमराव अम्बेडकर ने अपने इसी रवैये को बाकी रियासतों के शासकों के साथ बनाए रखा और रियासतों के हिंदुस्तान में विलय के लिए उन्होंने निम्नलिखित सुझाव दिया कि रियासती राजाओं को पेन्शन देकर उनकी रियासतों को भारत में प्रवेश का दर्जे दे कर मिला लिया जाए। अपने इस सुझाव के समर्थन में उन्होंने यह कहा, ''रियासतें के पुनर्गठन का प्रश्न कोई राजनीतिक प्रश्न नहीं है। जहाँ तक मैं समझता हूँ ये एक अनिवार्य प्रश्न नहीं है। क्योंकि इसको न सुलझाना रियासतों में बसने वाले उन लाखों लोगों को दंडित करना है जो स्थाई दुर्गति और असुरक्षा में रह रहे हैं। जो तरीका मैंने सुझाया है ये कोई क्रांतिकारी विधि नहीं है। राजकुंवर को पेन्शन देकर उस के क्षेत्र को अपने यानी भारत में मिला लेना एक कानूनी रास्ता है।

बाबा साहब के परामर्श पर देश भर के राजाओं को प्रिवी-पर्स देकर उनकी रियासतों का भारत में विलय सम्भव हो पाया, लाखों की संख्या में रियासती जनता को राजाओं महाराओं की दासता से आजाद करने और सैकड़ों रिसायसों के भारत में विलय का जो काम बाबा साहब ने किया है उससे स्पष्ट हो जाता है कि बाबा साहब देश की एकता के लिए न केवल सोचते ही थे वरन् उसके लिए व्यवहारिक उपाय भी उन्होंने सुझाए। कथनी और करनी दोनों तरीकों से भारत देश में उनके जैसा देश की एकता और अखंडता को चाहने वाला उसके लिए पूर्ण समर्पण की भावना से कार्य करने वाला बाबा साहब भीमराव अम्बेडकर जैसा ही व्यक्ति हो सकता था।

देश के प्रति सेवाएँ (२)

''संविधान का मुख्य उद्देश्य सत्ताधारी वर्ग को उसकी गद्दी से हटाना और उसे सदा के लिए सत्ताधारी वर्ग बने रहने से रोकना होता है।''

भारत जैसे वृहद और विविधता भरे देश में जिसमें विभिन्न सम्प्रदाय और तरह-तरह के ढंग वाले हजारों जातियों-उपजातियों और भिन्न-भिन्न सोच रखने वाली कई राजनीतिक पार्टियाँ व राजनीतिज्ञ हैं, इन सबको ध्यान में रखते हुए संविधान का निर्माण करना कोई आसान काम न था। संविधान बनाने के अनेक प्रयास किए गए थे। सन् 1927 में पहला संविधान बनाया गया जिसका नाम था नेहरू संविधान किंतु इसे स्वीकार ही नहीं किया गया। इसके बाद भारतीयों को सन् 1930 के लंदन गोलमेज सम्मेलन में अवसर मिला किंतु आपसी टकराव के कारण ये सम्भव न हो सका। फिर स्पष्ट कमेटी

ने संविधान बनाने का तीसरा प्रयास किया किंतु वह प्रयास भी असफल रहा। भारत का संविधान बनाने का काम एक टेड़ी खीर था। फिर भारत का संविधान बनाने की कड़ी चुनौती को बाबा साहब ने स्वीकार किया। बाबा साहब ने न केवल संविधान का निर्माण ही किया अपितु उन्होंने 114 दिनों में संविधान को पारित करा के लागू भी करा दिया।

मुख्य निर्माता : बाबा साहब अम्बेडकर बंगाल विधान परिषद् से 20 जुलाई, 1946 को संविधान सभा के सदस्य चुने गये। उन्हें भारत के संविधान का निर्माण करने के लिए 29 अगस्त सन् 1947 को प्रारूप सीमित का अध्यक्ष चुना गया इस सीमित में सात सदस्य थे बाबा साहब अम्बेडकर के अतिरिक्त अन्य सदस्य थे अल्लादि कृष्ण स्वामी, एन गोपाल स्वामी आयंगर, के० एम० मुंशी, बी० एल० मिश्र, डी० पी० खेतान, सैयद मुहम्मद साहुल्ला। बाबा साहब की मुश्किल संविधान निर्माण कार्य से पहले ही आरम्भ हो गई। एक सदस्य बी० एल० मिश्र ने 13 अक्टूबर को 1947 को इस्तीफा दे दिया उनकी जगह एन० माधवराव को लिया गया। इसके पश्चात् डी० पी० खेतान की मृत्यु हो गई उनके स्थान पर टी० टी० कृष्णमाचारी ने माना कि मनोनित सदस्यों में एक ने त्याग-पत्र दे दिया उसकी जगह एक अन्य सदस्य को रखा गया। एक सदस्य की मृत्यु हो गई लेकिन वह पद रिक्त है एक सदस्य विदेश गया है और उसका स्थान भी खाली है। एक अन्य सदस्य राज्य के कार्यों में व्यस्त था। बाकी सदस्य दिल्ली से दूर ही रहे अन्य सदस्य शायद स्वास्थ्य कारणों से शामिल न हो सके। किंतु हालात ऐसे बने कि इस संविधान को बनाने का सारा का सारा दायित्व बाबा साहब अम्बेडकर के कंधों पर आ पड़ा और उन्होंने इस काम को इतने सराहनीय तरीके से किया कि आज सारा देश उनका आभार प्रकट करता है।

बाबा साहब भारतीय संविधान का निर्माण अपने विचारों के मुताबिक तो नहीं कर पाए तब भी उन्होंने संविधान में सामाजिक व आर्थिक समानता स्थापित करने का विधिक दस्तावेज अवश्य तैयार करके उसे लागू करवाया।

संविधान की कुछ विशेषताएं

बाबा साहब अम्बेडकर ने भारत में संविधान द्वारा एक नये युग का आरम्भ किया। भारत के संविधान का पहला ही अध्याय मूल अधिकार का कहना है।

"इस संविधान के प्रारम्भ होने से ठीक पहले भारत के राज्य क्षेत्र में प्रवृत्त विधियाँ (कानून) उस मात्रा तक शून्य होंगी जिस तक कि वे इस भाग के उपबंधों से असंगत हैं।" संविधान की धारा 13(1) विधि के समान

प्रभावी कोई अध्यादेश, आदेश उपविधि नियम, विनिमय, अधिसूचना, रूढी अथवा प्रथा विधि के अंतर्गत होगी।''

बाबा साहब अम्बेडकर द्वारा शरु की गई क्रांति का आधार है उपरोक्त उपबन्ध।

भेदभाव समाप्त : ''भारत राज्यक्षेत्र में किसी व्यक्ति को विधि के समक्ष समता से अथवा विधियों के समान संरक्षण में राज्य द्वारा वंचित नहीं किया जाएगा।''

अनुच्छेद 15 में और भी कठोर उपबन्ध निम्नलिखित शब्दों में किया गया :

(1) राज्य किसी नागरिक के विरुद्ध केवल धर्म, मूलवंश जाति, लिंग, जन्म स्थान इनमें से किसी के आधार पर कोई विभेद नहीं करेगा।

(2) केवल धर्म, मूलवंश, जाति, लिंग जन्मस्थान अथवा इनमें से किसी के आधार पर कोई नागरिक

(क) दुकानों, सार्वजनिक भोजनालयों, होटलों तथा सार्वजनिक मनोरंजन के स्थानों में प्रवेश के अथवा

(ख) पूर्ण या आंशिक रूप में राज्य-निधि से पोषित अथवा साधारण जनता के उपयोग के लिए समर्पित कुँओं, तालाबों, स्नानघरों, सड़कों तथा सार्वजनिक समागम स्थानों के उपयोग के बारे में किसी भी निर्योग्यता, दायित्व, निर्बन्धन अथवा शर्त के अधीन न होगा।''

प्रस्तावना : संविधान की प्रस्तावना देश के प्रस्तावित सामाजिक ढांचे को इस प्रकार निश्चित करती है

भारत के लोग, भारत को एक सम्पूर्ण प्रभुत्व सम्पन्न लोकतन्त्रात्मक गणराज्य बनाने के लिए तथा उसके समस्त नागरिकों की, सामाजिक और राजनीतिक न्याय, विचार, अभिव्यक्ति, विश्वास, धर्म और उपासना की स्वतन्त्रता, प्रतिष्ठा और अवसर की समता प्राप्त करने के लिए, उन सबमें व्यक्ति की गरिमा और राष्ट की एकता सुनिश्चित करने वाली, बन्धुता बढ़ाने के लिए दृढ़ संकल्प हो कर अपनी इस संविधान सभा में आज तारीख 26 नवम्बर, 1949 ई० मार्गशीर्ष शुक्ल सप्तमी (सवंत दो हजार विक्रमी) की एतद धारा इस संविधान को अड्गनिकृत, अधिनियमित और आत्मार्पित करते हैं।

समान अधिकार : संविधान में सभी भारतीयों को समान रूप से भी सभी प्रकार के मौलिक अधिकार दिए गए।

सामाजिक लोकतंत्र : भारत के संविधान की सब से बड़ी विशेषता है कि इसमें सामाजिक लोकतंत्र जिसका उद्देश्य राजनीतिक समानता के

साथ-साथ आर्थिक लोकतंत्र की स्थापना करना होता है, का लक्ष्य निर्धारित किया गया है। इस उद्देश्य की पूर्ति के लिए डा० अम्बेडकर ने संविधान में "राज्य की नीति के निर्देशक सिद्धांत" शामिल किए हैं। जो इस प्रकार हैं :

राज्य की नीति के निर्देशक सिद्धांत

अनुच्छेद ३६ : यदि प्रसंग से दूसरा अर्थ अपेक्षित न हो तो इस भाग में 'राज्य' का वही अर्थ है। जो इस संविधान के भाग-3 में है।

अनुच्छेद ३७ : इस भाग में दिए गए उपबन्ध किसी न्यायालय द्वारा प्रवर्तनीय न होंगे किंतु तो भी इनमें दिए हुए तत्व देश के शासन के मूलभूत आधार है और विधि बनाने में इन तत्वों का प्रयोग करना राज्य का कर्त्तव्य होगा।

अनुच्छेद ३८ : राज्य ऐसी सामाजिक व्यवस्था की, जिसमें सामाजिक, आर्थिक और राजनीतिक न्याय राष्ट्रीय जीवन की सभी संस्थाओं को अनुप्राणित करे, भरसक कार्यसाधक रूप में स्थापना और संरक्षण करके लोक-कल्याण की उन्नति का प्रयास करेगा।

अनुच्छेद ३९ : राज्य अपनी नीति का विशेषतया ऐसा संचालन करेगा कि सुनिश्चित रूप से–

(1) समान रूप से नर और नारी सभी नागरिकों को जीविका के पर्याप्त साधन प्राप्त करने का अधिकार हो :

(2) समुदाय की भौतिक सम्पत्ति का स्वामित्व और नियंत्रण इस प्रकार बंटा हो कि जिससे सामूहिक सहित सभी का सर्वोत्तम रूप से साधन हो :

(3) आर्थिक व्यवस्था इस प्रकार चले जिससे धन और उत्पाद-साधनों का सर्वसाधारण के लिए अहितकारी केंद्रण न हो :

(4) पुरुषों और स्त्रियों दोनों को समान कार्य के लिए समान वेतन हो।

(5) श्रमिक पुरुषों और स्त्रियों को स्वास्थ्य और शक्ति तथा अर्थिक आवश्यकता से विवश होकर नागरिकों को ऐसे रोजगारों में न जाना पड़े जो उनकी आयु या शक्ति के अनुकूल न हों।

(6) शैशव और किशोर अवस्था का शोषण से तथा नैतिक और आर्थिक परित्याग से संरक्षण हो।

अनुच्छेद ४० : राज्य ग्राम पंचायतें संगठित करने के लिए अग्रसर होगा, तथा उनको ऐसी शक्तियां और प्राधिकार प्रदान करेगा जो उन्हें स्वायत्त शासन की इकाइयों के रूप में कार्य करने योग्य बनाने के लिए आवश्यक हो।

अनुच्छेद ४१ : राज्य अपनी आर्थिक सामर्थ्य और विकास की सीमाओं के भीतर काम पाने के, शिक्षा पाने के तथा बेकारी, बुढ़ापा, बीमारी और अंग हानि तथा अन्य किन्हीं अभाव की दिशाओं में सार्वजनिक सहायता पाने के, अधिकार को प्राप्त कराने का कार्यसाधक प्रभावी उपबन्ध करेगा।

अनुच्छेद ४२ : राज्य काम की न्याय और मानव चित्र दिशाओं को सुनिश्चित करने के लिए तथा प्रकृति-सहायता के उपबन्ध करेगा।

अनुच्छेद ४३ : उपयुक्त विधान या आर्थिक संगठन द्वारा अथवा और किसी दूसरे प्रकार के राज्य कृषि के उद्योग के या अन्य प्रकार के सब श्रमिकों को काम, निर्वाह-मजदूरी, शिष्ट-जीवन स्तर, तथा अवकाश का सम्पूर्ण उपभोग, सुनिश्चित करने वाली काम की दिशाएँ तथा सामाजिक और सांस्कृतिक अवसर प्राप्त कराने का प्रयास करेगा तथा विशेष रूप से ग्रामों में कुटीर उद्योगों को व्यक्तिगत अथवा सहकारी आधार पर बढ़ाने का प्रयास करेगा।

अनुच्छेद ४४ : भारत के समस्त राज्य क्षेत्र में नागरिकों के लिए राज्य एक समान व्यवहार-संहिता प्राप्त कराने का प्रयास करेगा।

अनुच्छेद ४५ : राज्य इस संविधान के प्रारम्भ से दस वर्ष की कालावधि के भीतर सब बालाकों को चौदह वर्ष की अवस्था-समाप्ति तक निःशुक्ल और अनिवार्य शिक्षा देने के लिए उपबन्ध करने का प्रयास करेगा।

अनुच्छेद ४६ : राज्य जनता के दुर्बलतम विभागों के विशेषतया अनुसूचित जातियों तथा अनुसूचति जनजातियों के शिक्षा तथा अर्थ सम्बन्धी हितों की विशेष सावधानी से उन्नति करेगा तथा सामाजिक अन्याय तथा सब प्रकार के शोषण से उनका संरक्षण करेगा।

अनुच्छेद ४७ : राज्य अपने लोगों में आहार पुष्टि-तल और जीवन-स्तर को ऊँचा करने तथा सार्वजनिक स्वास्थ्य के सुधार को अपने कर्त्तव्यों में मानेगा तथा विशेषतया, मादक पेयों और स्वास्थ्य के लिए हानिकर औषधियों के औषधीय प्रयोजनों से भिन्न अतिरिक्त उपभोग का प्रतिषेध करने का प्रयास करेगा।

अनुच्छेद ४८ : राज्य कृषि और पशुपालन को आधुनिक और वैज्ञानिक प्रणालियों से संगठित करने का प्रयास करेगा तथा विशेषतः गायों और बछड़ों तथा अन्य दुधारू और वाहक ढोरों की नस्लों के परिरक्षण और सुधारने के लिए तथा उनके वध का प्रतिषेध करने के लिए अग्रसर होगा।

अनुच्छेद ५० : राज्य की लोक-सेवाओं के न्यायपालिका को कार्यपालिका से पृथक् करने के लिए राज्य अग्रसर होगा।

संविधान के निर्देशक सिद्धांतों की व्याख्या करते हुए और संविधान सभा के सदस्यों की शंकाओं का निवारण करते हुए डा० अम्बेडकर ने अपने दो

भाषणों में निम्न प्रकार बताया था :

केवल निर्देशन : अधिकतर ये कहकर निंदा की जाती है कि नीति के सिद्धांत तो केवल निर्देशन हैं इनकी कानूनी वैधता कुछ भी नहीं है। क्योंकि सरकार को लागू (जारी) न करने पर अदालत में चुनौती नहीं दी जा सकती। इस आलोचना का जवाब बाबा साहब ने इस प्रकार दिया :

लिखित हिदायतें : संविधान के प्रारूप में मौलिक अधिकारों के बाद निर्देशक सिद्धांत आते हैं। संसदीय जनतंत्र के लिए बनाए गए संविधान का अनूठा फीचर (पहलू) है। दुनिया के इस तरह के सिद्धांत सिर्फ स्वतन्त्र आयरलैंड (Irish Free State) के संविधान में मिलते हैं। इन निर्देशक सिद्धांतों की आलोचना की गई है। कहा जाता है कि ये सिद्धांत पवित्र घोषणाओं के सिवा और कुछ नहीं। इनमें बाध्यकारी शक्ति (Binding force) नहीं है। यह आलोचना बिल्कुल बेहूदी है। स्वयं संविधान में यही बात कही गई है।

ये कहा जाता है कि निर्देशक सिद्धांतों के पीछे कोई विधिक शक्ति नहीं है। मैं इस तर्क से पूरी तरह सहमत हूँ किंतु मैं यह मानने को तैयार नहीं कि इनमें बाध्यकारी शक्ति बिल्कुल भी नहीं है। और न ही मैं इस तथ्य से सहमत हूँ कि इनमें कानूनन (विधि पूर्वक) बाध्यकारी शक्ति नहीं है, अत: ये बेकार है।

निर्देशक सिद्धांत उन हिदायतों (Instructions) के समान हैं। जो सन् 1935 के कानून के हिसाब से अंग्रेजी सरकार द्वारा गवर्नर जनरल उपनिवेशों और भारत (हिंदुस्तान) के राज्यों को दी गई थी। संविधान के प्रारूप में यह सुझाव (प्रावधान) रखा गया है कि ऐसी ही हिदायतें (Instructions) राष्ट्रपति और राज्यपालों को जारी करनी चाहिए। इन हिदायतों (Instructions) का विषय अर्थात् मूल शब्द संविधान की चौथी अनुसूचि में अंकित किए जाएंगे। लिखित हिदायतें (निर्देश) का ही दूसरा नाम निर्देशक सिद्धांत है। मेरे विचार से यह विचार सराहनीय है। जहाँ कही भी अमन, व्यवस्था और अच्छे प्रशासन के लिए शक्ति दी गई हो, वहाँ यह आवश्यक है कि उस शक्ति के इस्तेमाल को नियमित करने के लिए कुछ परामर्श हो। संविधान के मसौदे में उपर्युक्त तरीके के परामर्श का होना एक और ढंग से भी ठीक साबित होता है। संविधान का मसौदा सिर्फ देश की सरकार के लिए साधन जुटाना है। इसका काम किसी दल विशेष को सत्ता दिलवाना नहीं है। जैसे कि कुछ मुल्कों में हो चुका है। सत्ता किसके हाथों में सौंपी जाए इसका फैसला जनता करेगी। यदि इस प्रणाली को प्रजातंत्र की कसौटी पर खरा उतरना है तो जिस दल के पास सत्ता होगी वह भी मनमानी नहीं कर सकेगा

और शक्ति को इस्तेमाल करते हुए उसे 'निर्देशक सिद्धांत' के नाम पर दिए जाने वाले परामर्श के मुताबिक चलना होगा वह इनकी अवहेलना नहीं कर सकता। इनकी वायदा खिलाफी करने पर वह न्यायालय के प्रति उत्तरदायी नहीं होगा। परंतु उसे चुनाव के समय वोटरों के सामने जवाबदेही तो करनी होगी। इन निर्देशक सिद्धान्तों का कितना ज्यादा मूल्य है– यह तब पता चलेगा जब ठीक प्रकार की शक्तियाँ सत्ता प्राप्त करने का यत्न करेंगी। ये निर्देशक सिद्धान्त केवल पवित्र घोषणाएँ नहीं हैं। संविधान सभा का इरादा यह है कि विधानमंडल और कार्यकारिणी इन सिद्धांतों के प्रति जबानी जमा खर्च ही न करे बल्कि इस देश के प्रशासन सम्बन्धी यह सिद्धांत कार्यकारिणी व विधानमण्डलों की सभी कृतियों का आधार हो।''

जनता को अधिकार : बाबा साहब अम्बेडकर ने संविधान सभा में ही कहा था : यदि नये संविधान के अनसुार हालात बिगड़ जाते हैं तो उसका मतलब ये नहीं निकलना चाहिए कि संविधान बुरा या गलत था। बल्कि यह कहना होगा कि संविधान का इस्तेमाल करने वाले व्यक्ति के आचरण में खोट था और जब आर्थिक व सामाजिक लक्ष्यों को हासिल करने की खातिर कोई संवैधानिक तरीका न रह जाए तब आर्थिक व सामाजिक लक्ष्यों को हासिल करने के लिए गैर संवैधानिक तरीके प्रयोग करना भी कुछ हद तक उचित है।

यह निर्णय करना जनता का हक है कि वह कब और कैसा आर्थिक लोकतंत्र स्थापित करना चाहती है। बाबा साहब ने उनको कुछ सलाह और कुछ चेतावनियाँ दी हैं :

परामर्श : अमेरिका के महान राजनीतिज्ञ जैफर्सन ने प्रतिक्रियावादियों को उत्तर देते हुए कहा था : प्रत्येक पीढ़ी एक अलग राष्ट्र के समान है जिसकी आकांक्षायें अपनी होती हैं। गये कल के फैसले आज पर कारगर नहीं हो सकते और न ही आज के फैसले आने वाले कल पर थोपे जा सकते हैं। यदि यह सिद्धांन्त मान लिया जाए कि जो रास्ता हमारे पूर्वजों ने निर्धारित किया वही ठीक है तो यह कहना कितना खूब रहेगा कि यह धरती मृतकों की है जीवितों की नहीं।''

अत: यह हमेशा ध्यान रखो कि यह जमीन जिंदा लोगों की है मरे हुए लोगों की नहीं।

राष्ट्र : विविध जातियों-उपजातियों में विभाजित हुआ जनसमूह राष्ट्र नहीं बन जाता। ऐसा मानना अपने आपको एक बहुत बड़े भ्रम में रखना है। यदि हमारे अंदर यह एहसास होगा तभी हम एक संयुक्त व ताकतवर राष्ट्र बन सकेंगे।''

चेतावानियाँ : (1) "जान स्टूआर्ट मिल के मुताबिक कोई आदमी कितना ही महान क्यों न हो अपनी स्वतंत्रता को कभी भी उसके हवाले नहीं करना चाहिए क्योंकि वो उसका गलत फायदा भी उठा सकता है। राजनीति में व्यक्ति पूजा और अंधभक्ति आखिरकार पतन की ओर ले जाती है और तानाशाह को इससे बढ़ावा मिलता है। हमें अपनी स्वतंत्रता को किसी महान व्यक्ति के पैरों में नहीं रख देना चाहिए और न ही उस व्यक्ति को इतने अधिकार देने चाहिए कि वह व्यक्ति हमारी सारी संस्थाओं को अधिकारों के नशे में चूर होकर तहस-नहस कर दे।"

किसी महापुरुष के प्रति आभारी होने में कोई बुराई नहीं जिसने जीवन भर देश की सेवा की हो, किंतु आभार व्यक्त करने की भी हद होती है। जैसे कि आयरलैंड के देशभक्त डेनीयल ओ कौनल ने कहा है : कोई मनुष्य अपना सम्मान खोकर कृतज्ञ नहीं हो सकता, कोई स्त्री अपना शील बचाकर कृतज्ञ नहीं हो सकती और कोई राष्ट्र अपनी आजादी गंवाकर कृतज्ञ नहीं हो सकता।"

(3) लोकतंत्र का भविष्य : सन् 1949 को 25 नवंबर को संविधान सभा में अंतिम चेतावनी देते हुए बाबा साहब अम्बेडकर ने कहा था :

"26 जनवरी 1950 को हम विपरीतताओं के जीवन में प्रवेश करने जा रहे हैं। राजनीति में हम समान होंगे और सामाजिक तथा आर्थिक जीवन में असमानता के सिद्धांत को मानते होंगे। अपने सामाजिक और आर्थिक ढांचे के कारण एक पुरुष एक मूल्य के सिद्धांत को मानने से इंकार जारी रखेंगे। हम यह विपरीतताओं की जिंदगी जीना कब तक जारी रखेंगे। हम अपने सामाजिक और आर्थिक जीवन में समानता को मानने से कब तक इंकार करते रहेंगे। यदि हम ज्यादा देर तक इस तरह इंकार करते रहेंगे तो ऐसा करके हम अपने राजनीतिक लोकतन्त्र को ही खतरे में धकेल देंगे। हमें इस विपरीतता को यथाशीघ्र दूर करना होगा अन्यथा: वे लोग जो असमानता से पीड़ित होंगे वे इस राजनीतिज्ञ लोकतंत्र के ढांचे को ही उड़ा देंगे जिसे इस सभा ने इतने अधिक परिश्रम से खड़ा किया है।"

भारत के लिए एक सर्वोत्तम संविधान का निर्माण करना देश की ऐसी अद्वितीय और उत्कृष्ट सेवा है जिसे बाबा साहब अम्बेडकर के आलोचक और उनके विरोधी भी मानते हैं। जिन-जिन महान व्यक्तियों ने अपने-अपने राष्ट्र के संविधान को बनाया है उन्हें उनके देश हमेशा आदर कृतज्ञ भाव से याद करते रहेंगे और इसलिए भारत देश उनके संविधान निर्माण के लिए उन्हें कोटि-कोटि नमन करता है।

राज्य समाजवाद

बाबा साहब अम्बेडकर को देश में व्याप्त सभी समस्याओं का पूर्णतः आभास था इसलिए उन्होंने संविधान सभा में कहा : "यदि गरीबी मिटाना है तो देश की अर्थ व्यवस्था को समाजवादी-सिद्धांतों पर चलना होगा। इसी मकसद से उन्होंने संविधान सभा में 'राज्य समाजवाद' नाम से अपनी एक योजना प्रस्तुत की। इस योजना के मुख्य मुद्दे (Point) इस प्रकार थे :

संविधान के कानून में ही यह नियम शामिल किए जाएं

(1) जो उद्योग मूल उद्योग (Ken Industries) हैं अथवा जिनको मूल-उद्योग घोषित कर दिया जाएगा वे राज्य के प्रभुत्व में होंगे और राज्य द्वारा ही चलाए जाएंगे।

(2) जो उद्योग मूल उद्योग नहीं हैं किंतु जो बुनियादी उद्योग हैं, उन पर राज्य का अधिकार होगा और वे राज्य अथवा राज्य द्वारा स्थापित निगम द्वारा चलाए जाएंगे।

(3) बीमा राज्य का एकाधिकार होगा और राज्य प्रत्येक व्यस्क नागरिक को, उसके वेतन के समानुपात से, जिसे विधानसभाएं निश्चित करेंगी, जीवन-बीमा पालिसी लेने पर मजबूर करेगा।

(4) कृषि राज्य-उद्योग बीमा।

(5) राज्य इन उद्योगों, बीमा और कृषि-भूमि को निजी व्यक्तियों से चाहे वे उनके मालिक या आसामी हों या ये उनके पास रहन (गिरवी) हों, उन्हें जमीन में उनके हक के मुताबिक नियम-पत्र की शक्ल में क्षतिपूर्ति अदा करके अपने हाथों (अधिकार) में कर लेगी। इसमें भूमि-पत्र अथवा ऋण-पत्र (Credit Card) की कीमत तय करते वक्त मुश्किल (संकट) सम्भावित अथवा बिना कमाया मूल्य या अनिवार्य अधिग्रहण की कोई कीमत शामिल नहीं की जाएगी।

(6) राज्य इस बात का फैसला करेगा कि नियम-पत्र रखने वाला कैसे और कब नगद अदायगी का हकदार होगा।

(7) नियम-पत्र हस्तांतरणीय और उत्तराधिकारीय सम्पत्ति होगा। परंतु न तो नियम-पत्र रखने वाला और न ही किसी से नियम-पत्र प्राप्त करने वाला कोई व्यक्ति अथवा उसका उत्तराधिकारी भूमि की वापसी या राज्य द्वारा अपने अधिकार में ली गई किसी औद्योगिक संस्था में किसी प्रकार के सूद अथवा किसी भी तरह की जांच-पड़ताल का हकदार नहीं होगा।

(8) नियम-पत्र रखने वाला अपने नियम-पत्र पर ब्याज का हकदार होगा।

ब्याज की दर कानून द्वारा तय की जाएगी और राज्य वह नगदी धन अथवा पदार्थ के रूप में जैसे ठीक समझे, अदा करेगा।

कृषि उद्योग को निम्नलिखित आधारों पर संगठित किया जाएगा

1. राज्य समस्त कृषि योग्य भूमि को एक निश्चित मापदंड के तहत फार्मों में बाँट देगा। पुन: गांवों के अलग-अलग परिवारों से मिलकर बने समूहों को बतौर काश्तकार ये फार्म निम्नलिखित शर्तों पर दिए जाएंगे :

(i) फार्म पर सामूहिक ढंग से खेती होगी।

(ii) फार्म पर कार्य राजकीय नियमों एवं आदेशों के अनुसार चलेगा।

(iii) फार्म पर आए खर्चों का भुगतान करने के पश्चात् जो उत्पादित धन बचेगा वह नियमानुसार काश्तकारों में बाँट दिया जाएगा।

(2) भूमि देहातियों को बिना किसी जाति या साम्प्रदायिक भेदभाव के इस ढंग से दी जाएगी कि न कोई भू-स्वामी होगा, न कोई भूमि ठेके (पाटे) पर लेकर खेती करने वाला, मुजारा और न कोई भूमिहीन मजदूर।

(3) राज्य इन सामूहिक फार्मों पर खेती करने के लिए पानी, पशुओं, औजारों, खाद, बीजों आदि के रूप में पूंजी जुटाने के लिए बाध्य होगा।

(4) राज्य को फार्म के उत्पादन के खर्चों पर निम्नलिखित उद्ग्रहण वसूल करने का अधिकार होगा :

(i) माल गुजारी, नियम-पत्र वालों के लिए पूंजीगत माल के स्मरण के लिए कुछ भाग और

(ii) राज्य को यह हक होगा कि जो काश्तकार नियमों की अवहेलना करेगा अथवा जो राज्य द्वारा खेती बाड़ी के साधनों को सर्वोत्तम प्रयोग करने में जान बूझ कर उपेक्षा दिखाए अथवा जो सामूहिक खेतीबाड़ी की योजना को नुकसान पहुँचाएगा उसके लिए दंड निर्धारित कर सके।

राज्य-समाजवाद योजना का स्पष्टीकरण

बाबा साहब अम्बेडकर ने राज्य समाजवाद की योजना का स्पष्टीकरण इन शब्दों में किया है: "उपरोक्त योजना में, राज्य के प्रभुत्व में, सामूहिक ढंग की खेतीबाड़ी के साथ कृषि में और औद्योगिक क्षेत्र में संशोधित रूप में राज्य समाजवाद की प्रस्तावना की गई है। इस योजना में कृषि और उद्योग दोनों में, पूंजी लगाने का दायित्व राज्य पर सौंपा गया है। राज्य द्वारा पूंजी लगाए बगैर न भूमि और न ही उद्योग बृहत्तर उत्पादन दे पायेंगे। इसमें बीमा राष्ट्रीयकरण की प्रस्तावना दोहरे उद्देश्य से की गई है। राष्ट्रीयकरण की हुई बीमा कम्पनी एक निजी बीमा कम्पनी की तुलना में व्यक्तिगत धन की सुरक्षा

की गारंटी अधिक देती है। राज्य बीमा कम्पनी, चाहे कैसी भी परिस्थितियां हों, धन लौटाने का पूरा उत्तरदायित्व लेती है। इसमें व्यक्ति को किसी प्रकार का भय नहीं रहता है। राज्य के पास बीमा कम्पनियों के द्वारा एक निश्चित पूंजी आ जाती है जिसे वह अपने औद्योगिक कार्यों में लगा सकता है, अन्यथा राज्य के खुले बाजार से पूंजी लेनी पड़ती है। जिसके ब्याज की दर ही बहुत ऊँची होती है, अतः राज्य को घाटा उठाना पड़ता है। भारत के तेजी के साथ औद्योगिकीकरण के लिए राज्य समाजवाद अति आवश्यक है। व्यक्तिगत क्षेत्र उद्योगीकरण नहीं कर सकता है। और यदि इसके द्वारा उद्योगीकरण सम्भव भी हुआ, तो इससे वही विषमताएं उत्पन्न हो जायेंगी जो योरोपीय देशों में पूंजीपति वर्ग के कारण उत्पन्न हुई है। भारतीयों के लिए यह एक चेतावनी होनी चाहिए कि चकबंदी और मुजारा-कानून व्यर्थ और नकारा सिद्ध हुए हैं। उनसे कृषि में समृद्धि (खुशहाली) नहीं आ सकती चकबंदी और मुजारा कानून उन करोड़ों अछूतों के लिए सहायक नहीं सिद्ध हो सके हैं जो भूमिहीन हैं। केवल सामूहिक फार्म ही जिनकी प्रस्तावना योजना में की गई है उनकी सहायता कर सकते हैं। इसमें सम्बन्धित हितों को वंचित भी नहीं किया गया है, इसलिए इस प्रस्तावना पर किसी प्रकार की कोई आपत्ति नहीं होनी चाहिए।

"इस योजना की दो विशेषताएं हैं। प्रथम यह कि यह आर्थिक जीवन के महत्वपूर्ण क्षेत्रों में राज्य समाजवाद की प्रस्तावना करती है। दूसरी यह कि इसमें राज्य समाजवाद की स्थापना विधानमंडल की इच्छा पर नहीं छोड़ी गई। इसमें राज्य समाज की स्थापना संविधान के कानून द्वारा की गई है। इस प्रकार इसमें न विधान मण्डल और न कार्यपालिका परिवर्तन कर सकते हैं।"

"संवैधानिक कानून के विद्यार्थी झट विरोध करेंगे निश्चय ही वे पूछेंगें क्या यह प्रस्तावना सामान्य मौलिक अधिकारों के क्षेत्र को नहीं लांघ जाती मेरा उत्तर है कि यह ऐसा नहीं करती यदि यह उन्हें लांघती हुई प्रतीत होती है तो यह इस वजह से है कि मौलिक अधिकारों की संकल्पना, जिसके आधार पर यह आलोचना की जाती है एक संकीर्ण संकल्पना है। यदि इस संकीर्ण संकल्प को ही, कि केवल मौलिक अधिकार ही संवैधानिक कानून हुआ करता है मान लिया जाए तो भी प्रस्तावना न्यायसंगत सिद्ध होगी। समाज के आर्थिक ढांचे की रूपरेखा कानून द्वारा निर्धारित करने का क्या प्रयोजन है। इसका अभिप्राय उस व्यक्तिगत स्वतंत्रता की दूसरे व्यक्तियों के अतिक्रमण से रक्षा करना है जो कि मौलिक अधिकारों को बनाने का एक विषय है। व्यक्तिगत स्वतन्त्रता एवं समाज के आर्थिक ढांचे और रूप में गहरा सम्बन्ध है, चाहे उसे प्रत्येक व्यक्ति भले ही न जान पाये। कुछ भी हो दोनों में एक वास्तविक सम्बन्ध है। यदि निम्नलिखित विचारों को ध्यान में रखा जाए तो

ये तथ्य प्रत्यक्ष दिखाई पड़ेंगे।

राजनीतिक जनतंत्र निम्नांकित चार बातों पर आधारित है :

(1) व्यक्ति स्वयं में एक साध्य है।

(2) व्यक्ति के कुछ अपृथक् अधिकार हैं जिनकी सुरक्षा राज्य को करनी चाहिए।

(3) किसी व्यक्ति को अवसर या सुविधा प्रदान करने के लिए अधिकारों से वंचित नहीं किया जाएगा।

(4) राज्य अनाधिकृत व्यक्ति की अन्य व्यक्तियों के ऊपर शासन करने के लिए कोई अधिकार नहीं देगा कोई भी व्यक्ति जो निजी-उद्यम और व्यक्तिगत लाभों की प्राप्ति पर आधारित सामाजिक अर्थ-व्यवस्था का अध्ययन करता है, जानता है कि यह अंतिम दो बातें जिन पर जनतंत्र टिका हुआ है का वास्तविक उल्लघंन नहीं रूकता तो उन्हें किस तरह नष्ट करता है। कितनों को अपनी आजीविका कमाने के लिए अपने संवैधानिक अधिकारों से हाथ धोना पड़ता है। कितनों को निजी मालिकों के अधीन काम करने पर विवश होना पड़ता है।

जो लोग बेकार हैं, उनसे पूछो कि जिन्हें मौलिक अधिकार कहा जाता है उनका उन्हें कोई लाभ है। यदि किसी बेकार आदमी को एक ओर किसी प्रकार की नौकरी जिसका कुछ भी वेतन हो, न मजदूरी का समय निश्चित हो और न ही यूनियन में शामिल होने की छूट हो, और दूसरी ओर अपने मौलिक अधिकारों के इस्तेमाल में से एक को चुनने को कहा जाए तो उसका चुनाव क्या होगा। यह इसके विपरीत होगा भी कैसे। भूखे मरने का भय मकान छिन जाने का डर, यदि कुछ बचत की है तो उसे गंवा बैठने का भय बच्चों को स्कूल से हटा लेने की मजबूरी लोगों के दान बोझा बनने और सरकारी खर्च पर दफनाए जाने का भय ऐसे कारण हैं जिसकी वजह से कोई व्यक्ति मौलिक अधिकारों के लिए खड़ा नहीं रह पाएगा। इस तरह बेकार लोगों को काम की सुविधा प्राप्त करने और जीवित रहने के लिए अपने मौलिक अधिकारों को छोड़ने पर मजबूर होना पड़ता है।

जो लोग काम पर लगे हुए हैं, उनकी स्थिति कैसी है। संवैधानिक कानूनदां बस इतना ही सोच लेते हैं कि व्यक्तिगत स्वतन्त्रता की सुरक्षा केवल मौलिक अधिकारों को कानून बना देने ही से हो जाती है और इससे अधिक कुछ करने की जरूरत नहीं है। वे यह तर्क देते हैं कि जहाँ राज्य आर्थिक और सामाजिक निजी मामलों में हस्तक्षेप नहीं करता अवशेष स्वतन्त्रता है। जो आवश्यक है वह यह है कि इस अवशेष का जहाँ तक सम्भव हो सके अधिक से अधिक विस्तार किया जाए और राज्य के हस्तक्षेप को जितना कम

किया जा सके घटाया जाये। यह ठीक है कि जहाँ राज्य हस्तक्षेप करने से संकोच करता है वहाँ जो बच जाता है वह स्वतन्त्र है। किंतु बात यहीं समाप्त नहीं हो जाती। एक अन्य प्रश्न का उत्तर भी देना होगा यह स्वतन्त्रता भू-स्वामियों की है कि वे किराया अधिक बढ़ा सकें, यह स्वतन्त्रता बड़े-बड़े पूंजीपतियों की है ताकि वे काम के घण्टे बढ़ा सके यह स्वतंत्रता उन लोगों की है जो श्रमिकों का वेतन कम कर सके और शोषितों के सामने अधिक कठिनाइयाँ उपस्थित कर सके। यह श्रमिकों और शोषित लोगों की स्वतन्त्रता नहीं है। किसी भी देश में अधिक से अधिक उत्पादन करने के लिए श्रमिक लोगों की एक फौज भरती करना आवश्यक होता है। यदि राज्य ऐसा नहीं करता तो व्यक्तिगत अर्थ-व्यवस्था ऐसा करेगी, अन्यथा लोगों का जीवन कठिन हो जायेगा। यहाँ पर पूंजीपति वर्ग अपनी मनमानी करते हैं और श्रमिक वर्ग पर अधिक से अधिक दबाव का प्रयत्न करते हैं। अन्य शब्दों में, जिसे हम राज्य हस्तक्षेप से शेष क्षेत्र को स्वतन्त्रता कहते हैं वह निजी मालिकों या पूंजीपतियों की तानाशाही के सिवाय और कुछ नहीं।

कौन-सी रोक लगाई जाये कि ऐसा न हो। बेकार और काम पर लगे लोगों की सुरक्षा किस प्रकार की जाये कि उनके मौलिक अधिकारों की छीना झपटी न हो। जनतंत्रवादी देशों में लाभदायक उपाय यह किया गया कि सरकार की शक्ति को सीमित रखा जाए ताकि वह राजनैतिक क्षेत्रों में स्वेच्छाचारी न बन सके और इधर शक्तिशाली या साधन सम्पन्न लोगों से यह अपील की जाये कि वे आर्थिक क्षेत्रों में गरीबों का शोषण न करें। आवश्यकता पड़ने पर साधारण कानूनों का निर्माण भी किया जाए, ताकि पूंजीपति वर्ग भी स्वेच्छाचारी न बन सके यह सुझाव नाकाफी बल्कि नाकारा सिद्ध हो चुका है। शक्तिशाली लोग जनता की स्वतंत्रता की रक्षा कर सकेंगे यह एक संदिग्ध सुझाव है क्योंकि जनतांत्रिक व्यवस्था में सरकार और विधानसभाओं में वे वर्ग पहुँचते हैं जो शक्तिशाली या साधन सम्पन्न होते हैं। इस योजना में एक अलग ही ढंग अपनाया गया है। जन-साधारण की स्वतंत्रता की रक्षा करने के लिए सरकार की स्वेच्छाचारी नीति को सीमित करना ही पर्याप्त नहीं है। वरन् उस साधन सम्पन्न या शक्तिशाली वर्ग की स्वेच्छाचारी शक्ति को भी सीमित करना आवश्यक है। जिसका आर्थिक क्षेत्र पर आधिपत्य है। यह केवल उसी समय सम्भव होगा जब समाज के आर्थिक क्षेत्र से उनके आधिपत्य का अंत किया जाए। इसमें तनिक भी संदेह नहीं कि शक्तिशाली वर्गों के कमजोर वर्ग पर आक्रमण को रोकने के लिए दोनों सुझावों में से इस योजना में पेश किया सुझाव अधिक प्रभावशाली है। इन प्रेक्षणों को सामने रखते हुए यह सुझाव लाज्मी तौर पर व्यक्तिगत स्वतन्त्रता

को सुरक्षित करने का सुझाव है। इसलिए कोई संवैधानिक कानूनदां यह कह कर कि यह सर्वसाधारण कानून के सामान्य क्षेत्र से बाहर है। इस पर आपत्ति नहीं कर सकता है।

अब तक इस योजना द्वारा व्यक्तिगत स्वतंत्रता को सुरक्षित करने पर विचार किया गया है। इस योजना का एक और ही पहलू है जिस पर ध्यान देने की जरूरत है। वह यह है कि इस योजना के संसदीय जनतंत्र को समाप्त किए बगैर राज्य समाजवाद की प्रस्तावना की गई है। और इसमें राज्य समाजवाद की स्थापना को संसदीय जनतंत्र की इच्छा पर भी नहीं छोड़ा गया राज्य समाजवाद के आलोचक बल्कि इसके हितैषी तक यह प्रश्न पूछेंगे कि इसको राष्ट्र के संवैधानिक कानून का अंग बनाने की क्या जरूरत है। यह काम विधान मण्डल पर क्यों न छोड़ दिया जाए कि वह साधारण कानून द्वारा राज्य समाजवाद स्थापित करें। आयोजनाबद्ध अर्थव्यवस्था की एक अनिवार्य शर्त यह है कि इसको न तो निलम्बित किया जाता है। और न ही इसका त्याग किया जाता है। यह अनिवार्य तौर पर स्थायी होनी चाहिए। इसको स्थायी कैसे बनाया जाए स्पष्टतः संसदीय जनतंत्र सरकार से ऐसा नहीं किया जा सकता। संसदीय जनतंत्र प्रणाली में विधान मण्डल और कार्यपालिका की नीति वही होती है जो बहुसंख्या की नीति हो। संसदीय जनतंत्र में किसी एक चुनाव में बहुसंख्या उद्योग और कृषि में राज्य समाजवाद के पक्ष में हो सकती है। अगले चुनाव में हो सकता है कि बहुसंख्या राज्य समाजवाद के विरुद्ध हो। राज्य समाजवाद विरोधी बहुसंख्या अपनी कानून बनाने की शक्ति को राज्य समाजवाद समर्थक बहुसंख्या के कार्य-कार्य को नष्ट करने के लिए इस्तेमाल करेगी। इसी तरह राज्य समाजवादी समर्थक बहुसंख्या अपनी कानून बनाने की ताकत को अपने विरोधियों के विरुद्ध इस्तेमाल करेगी अब जो लोग राज्य समाजवाद में विश्वास करते हैं उन्हें यह मानना चाहिए कि इतने मौलिक कार्य की सफलता साधारण कानून के द्वारा सम्भव नहीं हो सकती। जनतांत्रिक बहुमत परिवर्तनशील होता है। उसके भविष्य का कोई भरोसा नहीं वह कभी भी गिर सकता है। कई बहुमत ऐसे भी होते हैं जो केवल विरोध प्रकट करने के लिए आर्थिक योजनाओं की ओर ध्यान नहीं देते। अतः राज्य समाजवाद की स्थापना के लिए संसदीय जनतंत्र उपयुक्त नहीं है। तो फिर विकल्प क्या है। विकल्प है तानाशाही। इसमें कोई संदेह नहीं है कि जनतंत्र के स्थान पर तानाशाही ही एक ऐसी व्यवस्था है जो आर्थिक योजनाओं को स्थायित्व दे सकती है। लेकिन यह सुझाव बहुत ही विवाद ग्रस्त है क्योंकि जो लोग व्यक्तिगत स्वतन्त्रता में आस्था रखते हैं। वे इस विकल्प को मानने के लिए तैयार नहीं होंगे वे तानाशाही को किसी भी कीमत पर नहीं चाहेंगे चाहे इसका

लाभ राज्य समाजवाद की स्थापना ही क्यों न हो। व्यक्तिगत स्वतन्त्रता वास्तव में जनतंत्र में ही सम्भव है न कि तानाशाही में, वे तानाशाही के स्थान पर जनतंत्र और राज्य समाजवाद को ही प्रमुखता देंगे अत: मूल बात यह है कि राज्य समाजवाद की स्थापना तानाशाही के बिना संसदीय जनतंत्र के साथ किस प्रकार की जाए। समस्य तब हल हो सकती है यदि संसदीय जनतंत्र एवं राज्य समाजवाद को संविधान की धाराओं के द्वारा ही लाया जाए ताकि संसदीय बहुमत उसे न बदल सके और न ही समाप्त कर सके। केवल ऐसा करने से ही हम तीनों उद्देश्यों – समाजवाद की स्थापना, संसदीय जनतंत्र की सुरक्षा एवं तानाशाही का लोप की पूर्ति कर सकेंगे।

बाबा साहब अम्बेडकर द्वारा बताये राज्य समाजवाद के द्वारा भारत के हालात को मद्दे नजर रखते हुए मौलिक और बहुत सही था और आज भी है। दरिद्रता दूर करने के प्रयासों में देश को यह उनकी एक महत्वपूर्ण देन है।

देश के प्रति सेवाएँ (4)

विकास योजनाएँ : विकास बाबा साहब का मनचाहा विषय था। बाबा साहब अम्बेडकर को बाइसराय हिंद के लेबर मैंबर के तौर पर उन्हें जिन विभागों का कार्यभार दिया गया था वह इस प्रकार थे (2) सी० पी० डब्लूय० डी०, (C.P.W.D.) कोयला और खान, Printing Press & Stationary (3) Royal India Navy Training School and (4) Civil Pioneer force (5) Technical Training at Civilians Military Personnels in Training Centres located near or in the Princely states (6) Publicity & recruitment आदि विभाग थे जोकि आजकल मंत्रालयाए बन चुके हैं।

डा० अम्बेडकर ने वादों और उनके द्वारा होने वाली विनाश की चुनौती का मुकाबला करने का मन बना लिया था। सबसे पहले उन्होंने पानी की अधिकता सम्बन्धी सोच में बदलाव लाने की दिशा में ध्यान दिया। इस संदर्भ में उन्होंने अपने विचार यूँ व्यक्त किए : "बाढ़ सम्मेलन का यह कथन कि पानी की बहुतात एक बुराई है यदि पहुँच नहीं है। सम्मेलन के सदस्य इस विचार से प्रभावित दिखाई पड़ते हैं कि जब पानी बहुतायत में हो तो उसे व्यवस्थित ढंग से समुद्र में डाल दिया जाए। यह विचार जनता की दृष्टि में गलत है और खतरनाक भी है। यह सोच गलत है कि पानी की अधिकता एक बुराई है। आदमी पानी की अधिकता से नहीं पानी की कमी से पीड़ित है। गड़बड़ तो यह है कि प्रकृति न केवल पानी उपलब्ध कराने में कंजूस

है। वह इसके वितरण में भी अनिश्चित व अस्थिर है, और सूखे व बाढ़ में अदला-बदली करती रहती है। किंतु इससे ये तथ्य नहीं बदल जाता कि पानी एक सम्पत्ति है। सम्पदा है पानी जनता की सम्पत्ति है। और चूँकि इसका वितरण अनिश्चित है, इसलिए सही पहुँच यह होगी कि प्रकृति के विरुद्ध शिकायत करने की बजाए पानी को सुरक्षित किया जाए नदियों पर बाँध निर्माण किए जाए, पानी से बिजली पैदा की जाए और पानी का नौवाहन के लिए इस्तेमाल किया जाए।'' फिर उन्होंने योजना की व्याख्या इन शब्दों में की :

(1) बांध की जगह चुनी जाए (2) बाँध निर्माण हेतु स्थान का चयन करने के पश्चात् विवरण सहित जांच (3) ऐसी पड़ताल के लिए एजेंसी (4) बाँध के डिजाईन और निर्माण के लिए एजेंसी (5) बाँध के निर्माण कार्य सम्बन्धी तकनीकी और प्रशासकीय मशीनरी (विभाग) की स्थापना और (6) विकसित क्षेत्र में पानी व बिजली के बेहतरीन इस्तेमाल हेतु सर्वेक्षण का एक क्रम।

उन्होंने राज्य सरकार और रियासतों के राजाओं को भी सलाह देते हुए कहा :

मुझे ये बताने की जरूरत नहीं है कि उड़ीसा व बंगाल सरकारों और प्रभावित रियासतों के प्रभुत्व की अपेक्षा जनता की भलाई ज्यादा महत्वपूर्ण है। रियासतों की प्रभुता जनता का कल्याण करने के लिए इस्तेमाल करना चाहिए न कि ये उनकी भलाई में बाधा डालने के लिए काम में लाना चाहिए।'' और फिर आखिर में उन्होंने कहा :

अंतिम उद्देश्य : ''केंद्रीय सरकार राज्य सरकारों से केवल एक ही आशा करती है और वह यह कि बांधों को लाभ आम जनता तक पहुँचना चाहिए और बांधों के आस-पास के लोगों को भी उनके द्वारा लाई जाने वाली खुशहाली का हिस्सा मिलना चाहिए। मेरे विचार में यह अनिवार्य है। इसलिए एक एजेंसी स्थापित करनी चाहिए ताकि अंतिम उद्देश्य की पूर्ति हो सके।

जैसे कि उनकी आदत (रवैया) था कि वह जिस भी काम को कार्यान्वित करने की सोचते उसका बारीकी से अध्ययन करते। दामोदर नदी पर बाँध निर्माण का उन्होंने पक्का फैसला कर लिया किंतु इसकी सारी मालूमात भारत में नहीं थी। संयुक्त राज्य अमेरिका में टैनैसी वैली नाम का एक बाँध बनाया गया था। बाबा साहब ने टैनेसी वैली और उससे सम्बन्धित सभी विधिक पक्षों की खोजबीन की। सबसे पहले उन्होंने एक एजेंसी (समिति) का गठन किया जिसे दामोदर बाँध के निर्माण का कार्य भार सौंपा जा सके। बाबा साहब के प्रयत्नों से केंद्रीय बिजली बोर्ड और इसके

साथ-साथ केंद्रीय जलमार्ग, सिंचाई व नौ परिवहन आयोग भी बनाए गए। सारी समस्या की जांच के लिए एक समिति गठित की गई। इस सारी मेहनत का नतीजा एक परियोजना (Project) के रूप में निकला जिसको दामोदर नदी से संबंधित होने की वजह से इसे दामोदर वैली परियोजना (Project) का नाम दिया गया।

अंग्रेजी सरकार किसी विदेशी इंजीनियर को दामोदर वैली परियोजना (Project) का मुखिया बनाना चाहते थे किंतु बाबा साहब अम्बेडकर ने अंग्रेज सरकार से झगड़ा (विरोध) करके श्री ए० एन० खोसला को इंजीनियर नियुक्त किया। [श्री खोसला एक निपुण, सक्षम, (पंजाबी) इंजीनियर थे।] ताकि स्वतंत्रता के बाद भी इसी तरह के और भी कई बाँधों का निर्माण किया जा सके।

इस तरह दामोदर नदी पर बाँध का निर्माण हुआ जो न केवल बाढ़ में महाविनाश को रोकने में स्थाई उपाय साबित हुआ अपितु इसके निर्माण से अकाल और भूखमरी जैसे दो अभिशापों का भी सफाया सम्भव हो पाया। सन् 1946 तक दामोदर वैली परियोजना का कार्य भार बाबा साहब के अधीन रहा, बाद में बाँध का सारा कामकाज दामोदर विकास निगम के अधीन कर दिया गया। दामोदर बाँध लाखों लोगों के लिए न केवल सकून अपितु आर्थिक विकास और सुनहरे भविष्य का स्रोत व साधन साबित हुआ था और आज भी हो रहा है।

बाबा साहब के दामोदर वैली परियोजना की श्री हरि ने इन शब्दों में प्रशंसा की है : "तीन महीनों तक दामोदार नदी की योजना राजनीतिज्ञों के विचाराधीन रही। जिस आदमी ने दामोदार नदी पर बाँध निर्माण करने का निर्णय किया वह थे वायसराय हिंद की कार्य साधक परिषद के लेबर मैंबर डा० अम्बेडकर।"

देश की उन्नति व विकास में बाबा साहब अम्बेडकर ने बहुमूल्य मार्गदर्शन किया जिसके कारण देश में बहुत से बाँधों का निर्माण हुआ और आम लोगों के विकास के और कई रास्ते भी खुल गये।

बाबा साहब को पानी की कीमत (महत्व) का पूरा अनुमान तो था ही इसलिए उन्हें जल सम्बन्धी होने वाली मुश्किलों का भी अनुमान था। तभी तो उन्होंने संविधान में जल सम्बन्धी होने वाले विवादों के निपटारे के लिए एक उपबंध कहा जो इस प्रकार है :

धारा 262(1) संसद विधि द्वारा, किसी अंतर्राज्यिक नदी या नदी दून के या उसके जल के प्रयोग, वितरण या नियंत्रण के सम्बन्ध में किसी विवाद या परिषद के न्याय निर्णयन के लिए उपलब्ध कर सकेगी (23) इस

संविधान में किसी बात के होते हुए भी संसद विधि द्वारा उपलब्ध कर सकेगी कि उच्चतम न्यायालय या कोई अन्य न्यायालय खंड (1) में निर्दिष्ट किसी विवाद या परिषद् के सम्बन्ध में अधिकारिता का प्रयोग नहीं करेगा।

इस तरह बाबा साहब ने न केवल विकास कार्य को अमली जामा पहनाया अपितु उन्होंने इस बात की भी व्यवस्था कि देश के विकास में कोई अड़चन न पैदा कर पाये।

देहातों का विकास

बाबा साहब ने भारतीय संविधान का आधार गांव की अपेक्षा व्यक्ति को बनाया है इस पर जब उनकी देहाती पद्धति (प्रणाली) की प्रशंसा करते हुए उनकी निंदा की गई तो बाबा साहब ने इसके जवाब में देहातों की चर्चा इन शब्दों में की : जिन लोगों के मत में ग्राम पंचायतों को केवल इतने स्वाभिमान की भावना है वह यह सोचने की फिकर नहीं करते कि देश के मामलों में और देश को सौभाग्यपूर्ण बनाने में उन्होंने कितना कम हिस्सा लिया है और क्यों? मैटकाफ ने ही देश को सौभाग्य पूर्ण बनाने में ग्राम पंचायतों ने जो भाग लिया है उसकी इन शब्दों में चर्चा की है :

''एक राजवंश के बाद दूसरे राजवंश का पतन होता है। एक क्रांति के बाद दूसरी क्रांति होती है। हिंदू, पठान, मुगल, मराठा, सिक्ख, अंग्रेज सभी बारी-बारी से मुल्क के मालिक बनते हैं। लेकिन ग्राम पंचायतें वैसी की वैसी बनी रहती हैं। विपत्ति के समय वे सबद्ध हो जाती हैं। शत्रु सेना देश में से गुजर जाती है। ग्राम पंचायत अपने पशुओं को गांव की दीवार के भीतर इकट्ठा कर लेती है और शत्रु से किसी भी प्रकार की छेड़छाड़ किए बिना उसे आगे बढ़ जाने देती है।

ग्राम पंचायतों ने अपने देश के इतिहास में इसी प्रकार का हिस्सा लिया है। जब हम इस बात को जान लेते हैं तो इन ग्राम पंचायतों के लिए हमारे मन में कौन-सी स्वाभिमान की भावना जाग्रत हो सकती है सभी उत्थानों और पतनों में वे बनी रही है। यह नेक सच्चाई हो सकती है। लेकिन जैसे-तैसे बने रहने का ही कोई मूल्य नहीं है। प्रश्न पैदा होता है कि वे किसी स्तर पर बची रही है। इसमें कोई संदेह नहीं कि एक बड़े ही निम्न स्तर पर एक बड़े ही स्वार्थपूर्ण स्तर पर मेरा मत है कि ये ग्राम पंचायतें भारत के विनाश का कारण बनी हैं। इसलिए मुझे ये देखकर आश्चर्य होता है कि जो लोग प्रान्तीयता या साम्प्रदायिकता की निंदा करने में अग्रसर होते हैं वे ही लोग किस प्रकार ग्रामों का पक्ष लेकर सामने आते हैं। आज का ग्राम अपने प्रति ही मोह की मोरी के अतिरिक्त, अज्ञात, तंगदिली और साम्प्रदायिकता की गुदा

के अतिरिक्त और क्या है। मुझे खुशी है कि इस संविधान के मसौदे में 'ग्राम' को तिलांजलि देकर उसके बजाय व्यक्ति को ही एक इकाई के रूप में स्वीकार किया है''

बाबा साहब अम्बेडकर ने देहाती पद्धति की निंदा ही नहीं कि अपितु देहातों के विकास, उत्थान व नव-निर्माण की रुपरेखा भी प्रस्तुत की जो निम्नलिखित है :

(1) देहातों के जीवन को सुखमय बनाने के लिए सारी जरूरी सुविधाएँ प्रदान करना।

(2) शहरी विकास की तरह देहातों में भी निवास, सफाई व स्वच्छता की योजनाएँ लागू करके देहाती जीवन को बेहतर बनाना।

(3) देहातों में रेडियो, चलते-फिरते सिनेमा, सामुदायिक भवन आदि का निर्माण करके देहात में रहने वालों की सोच को समकालीन बनाया जा सके ताकि देहात के लोग भी अपने जीवन को विकासशील बना सकें।

बाबा साहब अम्बेडकर ने संविधान की धारा 48 के द्वारा खेती और पशुपालन को भी नयी वैज्ञानिक प्रणालियों से संगठित किया जाए और साथ वातावरण (पर्यावरण) के प्रदूषित होने से रोका जा सके यह सब बात कह कर राज्य को (निर्देशित) किया कि वे ये कार्य करें। फिर बाबा साहब ने जो नागरिक अधिकार शहरी लोगों को प्राप्त हैं उन्हीं अधिकारों को उन्होंने देहात में रहने वालों को भी प्रदान कराये जैसे : सारे देहात में रहने वालों के लिए वोट का अधिकार, सामाजिक समता, समान अवसर, न्यूनतम शिक्षा (कम से कम इतनी शिक्षा) आदि अधिकार, अवसर, सुविधाएँ प्रदान कर सदियों से उनके साथ हो रहे भेदभाव (सौतेला व्यवहार) पूर्ण अत्याचारों को भी खत्म कर दिया।

बाबा साहब अम्बेडकर के इतने अथक परिश्रम और प्रयासों के बावजूद भी देहातों का वैसा विकास न हो सका जैसा होना चाहिए था। किंतु बाबा साहब अम्बेडकर की आलोचनात्मक (प्रतिक्रियावादी) वैचारिक धरातल अब भी अपनी पकड़ बनाए हुए है और सत्ताधारी राजनैतिक दल का फायदा इसी में है कि वह देहातों में रहने वालों को अशिक्षित, बेरोजगार संकीर्ण विचारों वाला बना रहने दें ताकि ये लोग मनमाने ढंग से उनका शोषण कर सकें।

देश के प्रति सेवाएँ (5)

समस्या निवारण में योगदान : देश में बहुत सारी समस्याएँ (मुश्किलें) व्याप्त हैं। जिसके लिए बाबा साहब ने कुछ परामर्श दिए हैं उनके परामर्श पर यदि अब भी विचार किया जाए तो अब भी हमारे देश की बहुत-सी

समस्याएँ हल हो सकती हैं। उन समस्याओं में से कुछ समस्याएँ निम्नलिखित हैं :

(1) बढ़ती जनसंख्या पर रोकथाम (2) भाषावाद (3) चुनाव तरीकों में सुधार (4) अल्पसंख्यकों की समस्या।

बढ़ती जनसंख्या पर रोकथाम

भारत जैसे विकासशील देश में जनसंख्या रूपी महाराक्षस को बाबा साहब ने वर्षों पूर्व ही पहचान लिया था और उन्होंने इस समस्या के प्रति पूरे देश को जागृति करने का प्रयत्न किया।

इन समस्यायों को बाबा साहब अम्बेडकर ने बम्बई विधान परिषद् में उनके द्वारा तैयार एक भाषण जिसे श्री पी० जी० रोहन् ने सन् 1938 के नवम्बर माह की 10 तारीख का पढ़ा और इसके साथ एक प्रस्ताव भी प्रस्तुत किया है। (सदन के पटल पर रखा) जिसको इन शब्दों में वर्णित किया गया था, ''यह सभा सरकार को सुझाव देती है कि परिवारों की इकाइयों को सीमित करने के लिए सरकार जनता में जोरदार प्रचार करे और परिवार नियोजन के लिए उन्हें सुविधाएँ प्रदान करें।''

भाषण के अंत में भाषण का समापन उन्होंने इन शब्दों से किया : कुछ ही लोगों को ऐसे अवसर मिल पाते हैं जो उन्हें अमर बना देते हैं। परिवार नियोजन (जन्म पर नियन्त्रण) का आंदोलन एक ऐसा ही अवसर है जो हमारी प्रादेशिक सरकार को मिला है। हमें आज्ञा है कि वह इस अवसर को हाथ से नहीं जाने देगी बल्कि अपनी और जनता की बेहतरी के लिए वह इसका पूरा-पूरा लाभ उठाएगी।

बाबा साहब अम्बेडकर ने बाद में कई बार इन समस्याओं को उठा के लोगों का ध्यान इस समस्या की ओर दिलाना चाहा। और इन प्रयत्नों में से एक प्रयत्न उन्होंने शैडयूल कास्टस फैडरेशन (अनुसूचित जातियों के 1952 के चुनावों के दौरान अपने घोषण-पत्र में समस्या को सुलझाने के लिए मजबूत कदम उठाने का आह्वान किया।

विशेषज्ञों (Experts) और अधिकतर लोगों का मानना है कि जनसंख्या के इस बढ़ते स्वरूप को रोका न गया तो ये देश के सारे विकास और उपलब्धियों को निगल जाएगी और बेहतरी के सारे उपायों को असफल बना देगी। वर्षों पूर्व जो (परामर्श) सलाह बाबा साहब भीमराव ने दी थी अगर उस पर अमल किया होता तो देश की ऐसी हालत न होती।

भाषावाद

पूरे देश में राज्यों को भाषा के आधार पर नियत (बनाने के लिए) करने के लिए एक राज्य पुनर्गठन आयोग बनाया गया। इस आयोग की सिफारिशों के बाद पूरे देश में भाषावाद के शिकंजे की गिरफ्त इतनी मजबूत हो गई कि पूरे देश में बदअमनी फैल गई और जिसके कारण कुछ नये राज्य का निर्माण भी करना पड़ा। बाबा साहब अम्बेडकर ने इन सभी समस्याओं (उलझनों) का हल भी बताया था।

सिद्धांत : भाषा के आधार (base) पर उन्होंने राज्यों के पुनः निर्माण के लिए कुछ सिद्धांत प्रस्तुत किए :

(1) मिली-जुली (एक से ज्यादा) भाषाओं वाले राज्य गठित करने का विचार एकदम छोड़ देना चाहिए।

(2) प्रत्येक राज्य की एक भाषा होनी चाहिए: एक राज्य एक भाषा।

(3) एक राज्य एक भाषा के सिद्धांत को एक भाषा एक राज्य के सिद्धांत से दूषित न किया जाए।

(4) एक भाषा एक राज्य का अर्थ यह है कि एक-सी भाषा वाले सभी लोगों का क्षेत्र जनसंख्या और लोगों की हालतों की असमानता का ध्यान न करते हुए एक ही सरकार के अधीन गठित करना। एक-सी यानि समान भाषा बोलने वाले लोगों को कई राज्यों में बाँटा जाना चाहिए जैसा कि विश्व के अन्य भागों में किया जाता है।

(5) समान भाषा बोलने वाले लोगों को कितने राज्यों में बांटा जाये इसका फैसला (क) प्रशासन की कुशलता (ख) विभिन्न क्षेत्रों की जरूरत (ग) विभिन्न क्षेत्रों की भावनाओं और (घ) बहुसंख्या और अल्पसंख्या के अनुपात को आधार बनाकर किया जाये।

(6) जैसे-जैसे किसी राज्य का क्षेत्र बढ़ता है उसमें बहुसंख्या की तुलना में अल्पसंख्या का अनुपात कम हो जाता है। उसमें अल्पसंख्या की स्थिति संदिग्ध व संकटपूर्ण बन जाती है। और बहुसंख्या द्वारा अल्पसंख्या पर अत्याचार के अवसर बढ़ जाते हैं। इसलिए राज्य क्षेत्र की दृष्टि से छोटे होने चाहिए।

(7) अल्पसंख्यकों को बहुसंख्या के जुल्मों से बचने के लिए सुरक्षा प्रदान की जाए। इसके लिए संविधान में संशोधन किया जाए और बहुसदस्य (दो या तीन) प्रतिनिधि चुनने वाले निर्वाचन क्षेत्रों की पद्धति प्रचलित की जाए जिनमें मतदान भी संचित विधि से हो।

भाषा के आधार पर राज्यों के निर्माण से, "उत्तरी भारत संयुक्त हुआ है। जबकि दक्षिण भारत टुकड़ों के बंट गया है इससे एक दूसरी तरह की

समस्या उभर आयी है। इससे उत्तरी भारत बनाम दक्षिण भारत की समस्या उभर आई है। अर्थात् पहले राज्यों की अब क्षेत्रों की समस्या पैदा हो गई है। बाबा साहब भीमराव ने इस समस्या का जिक्र निम्नलिखित शब्दों में किया है :"

(1) केवल एक भाषी राज्य : "एक प्रदेश उसकी एक भाषा यही सभी राज्यों का समान सिद्धांत है। जर्मनी, फ्रांस, इटली, इंग्लैड और अमेरिका इन सभी देशों में इसी सिद्धांत को अपनाया गया है।"

"एक भाषा लोगों को जोड़ सकती है। दो भाषाएँ लाजमी तौर पर लोगों को बाँटती हैं यह एक अमानवीय व निष्ठुर कानून है। भाषा संस्कृति को सुरक्षित रखती है। भारतीय लोग चूंकि एक होना चाहते हैं और एक सांझी संस्कृति विकसित करना चाहते हैं। इसलिए समस्त भारतीयों का यह अनिवार्य कर्त्तव्य है कि वे हिंदी को अपनी भाषा के रूप में अपनाएँ।"

"जो लोग भाषाई राज्यों के गठन की वकालत कर रहे हैं। उनके मन में क्षेत्रीय भाषा को राज भाषा बनाने की भावना काम कर रही है। ऐसी सोच संयुक्त भारत की मृत्यु साबित होगी। क्षेत्रीय भाषा को राज भाषा बनाने से भारत को एक संयुक्त देश बनाने, भारतीयों को प्रथम व अंतिम तौर पर भारतीय बनाने का विचार समाप्त हो जाएगा।"

"कुछ लोग कनाडा, स्विटरजरलैंड और दक्षिण अफ्रीका का उदाहरण दे सकते हैं कि वे दो भाषी देश हैं। किंतु यह नहीं भूलना चाहिए कि भारत की समझ उन देशों से अलग है। भारत का स्वभाव बांटने व तोड़ने का है। जबकि स्विटरजरलैंड, दक्षिण अफ्रीका और कनाडा की प्रकृति संयुक्त करने व जोड़ने की है।"

(1) "ऐसे भाषाई राज्य को जिसमें स्थानीय भाषा राज भाषा यानी सरकारी काम-काज की भाषा होगी सरलता से स्वतन्त्रता राष्ट्रीयता में परिवर्तित किया जा सकता है। एक स्वतंत्र राष्ट्रीयता और एक स्वतंत्र राज्य के बीच दूरी बहुत कम होती है। यदि ऐसा हो जाता है तो जो आधुनिक भारत इस समय है वह मध्य युगीन भारत बन जाएगा, ऐसा भारत जिसमें तरह-तरह के राज्य एक दूसरे के प्रतिद्वन्द्वी होंगे और आपस में लड़ते झगड़ते रहेंगे।"

(2) छोटे राज्य : "उत्तर प्रदेश को तीन राज्यों, मध्य प्रदेश और बिहार को दो राज्यों में बाँटा जाए। महाराष्ट्र के भी दो राज्य बनाए जाएं।"

(3) हिंदी राज भाषा हो : "उत्तरी भारत और दक्षिणी भारत में बहुत भिन्नता है उत्तरी भारत रुढ़िवादी है। दक्षिण भारत प्रगतिशील है। उत्तरी भारत अंधविश्वासी है, दक्षिण भारत तर्कवादी है। दक्षिण भारत शैक्षणिक तौर पर अगाड़ी है। उत्तरी भारत शैक्षणिक तौर पर पिछड़ा हुआ है। दक्षिण की संस्कृति

आधुनिक है। उत्तरी भारत की संस्कृति प्राचीन है।''

संविधान में यह उपलब्ध दर्ज कर दिया जाए कि किसी भी राज्य में क्षेत्रीय भाषा राजभाषा नहीं होगी। देश की राजभाषा हिंदी होगी और जब तक भारत हिंदी को बतौर राजभाषा अपनाने के योग्य नहीं होता तब तक अंग्रेजी राजभाषा रहे... यदि भारत के लोग इस सुझाव को नहीं मानते तो भाषाई राज्य विपद्‌जनक सिद्ध होंगे।''

(4) गैर हिंदी भाषी को सुविधा : बाबा साहब भीमराव ने कहा कि हिंदी को सरल बनाया जाए। उसको न संस्कृत के शब्दों से और न अरबी के शब्दों से कठिन बनाया जाए।

दक्षिण भारत के लोग हिंदी को अपनाने से हिचकिचाते हैं बल्कि इसका कड़ा विरोध करते हैं। बाबा साहब भीमराव ने संविधान में फ्रैंच नेशनल अकादमी के नमूने पर एक नेशनल अकादमी बनाने का सुझाव दिया। इस अकादमी में गैर-हिंदी भाषी लोगों को हिंदी पढ़ाई जाए और कुछ वर्षों के लिए उनको सरकारी नौकरियों में सुविधा दे दी जाए।

(5) देश की एक दूसरी राजधानी हो : ''देश की सुरक्षा की दृष्टि से, महाराष्ट्र आन्ध्र प्रदेश और दक्षिण के बाकी प्रान्तों के लोगों में यह भावना पैदा करने की केंद्रीय सरकार का मुख्यालय और भारतीय संसद उनके भी निकट है, दिल्ली के अलावा हैदराबाद को केन्द्रीय सरकार (भारत) की दूसरी राजधानी बनाना बहुत आवश्यक है।''

(6) चुनाव प्रणाली में सुधार किया जाए।

(7) अल्पसंख्यकों व अनुसूचित जातियों और जनजातियों को संवैधानिक सुरक्षा प्रदान की जाए भाषाई उलझनों (समस्याओं) का समाधान प्रस्तुत करते हुए बाबा साहब भीमराव अम्बेडकर ने अपने विचार इस प्रकार व्यक्त किए : ''मैं केवल मार्ग ही सुझा सकता हूँ, इस पर विचार करना और इसे अपनाना तो देशवासियों का काम है।'' यदि देश को और ज्यादा बरबाद नहीं होना तो उसे भाषाई कठिनाइयों के प्रति उदासीनता त्यागनी ही पड़ेगी। जिस भी देश में संसदीय लोकतंत्र की प्रणाली द्वारा प्रतिनिधि निर्वाचित होते हैं और वे फिर सरकार बनाते हैं। वहाँ चुनावों का स्वतन्त्र और विपक्ष होना एक लाजमी बात है। इस विषय में बाबा साहब भीमराव ने इन शब्दों में अपने विचार प्रकट किए : संसदीय प्रणाली की सरकार के दो मुख्य आधार होते हैं (1) विपक्षी दल और (2) स्वतंत्र और निष्पक्ष चुनाव।'' परंतु हमारे देश में हुआ क्या, और हो क्या रहा है इस पर अपनी प्रतिक्रिया व्यक्त करते हुए सन् 1951 के अक्टूबर माह की 28 तारीख को बाबा साहब भीमराव अम्बेडकर ने चुनावी गड़बड़ियों की निंदा करते हुए कहा : ''स्वतंत्र और

निष्पक्ष चुनावों को नजरअंदाज नहीं करना चाहिए कि बड़े व्यापारी देश के राजनीतिक जीवन में काफी बड़ा रोल अदा करने का यत्न कर रहे हैं। बड़े व्यापारियों की ओर से भारतीय राष्ट्रीय कांग्रेस को धन दिया जाना एक खतरनाक बात है। यदि धनवान लोग किसी राजनीतिक दल के चुनाव कोष में धन देंगे तो उसका क्या परिणाम होगा। वह राजनीतिक दल जिसकी वे धन देकर सहायता करते हैं यदि सत्ता में आ जाता है तो बड़े व्यापारी उनसे सहज ही सुविधाएं प्राप्त करेंगे। वे ऐसा या तो वर्तमान कानूनों में सुधार करा कर करेंगे अथवा ऐसे कानून बनवा कर जो उनके हितों के लिए लाभदायक हों... क्या ऐसे हालात में संसदीय पद्धति को सरकार से देश का उपकार करने की कोई आशा रह जाती है। मैं तुम्हें महाभारत का उदाहरण देना चाहता हूँ पांडवों और कौरवों के बीच युद्ध में भीष्म और द्रोणाचार्य कौरवों के पक्ष में थे। पांडवों का पक्ष सही था जबकि कौरवों का गलत था, अन्यायपूर्ण था। जब किसी ने भीष्म से पूछा कि जब पांडव सही हैं तो तुम कौरवों का समर्थन क्यों कर रहे हो। इस पर भीष्म ने इस यादगारी वाक्य में उत्तर दिया :

'मुझे नमक के प्रति वफादार होना चाहिए। जब मैं कौरवों का अन्न खाता हूँ तो मुझे उनका ही पक्ष लेना चाहिए चाहे वे गलत ही क्यों न हों। इन दिनों यही कुछ हो रहा है। कांग्रेस बनियों, मारवाड़ियों और अन्य बहुराष्ट्रीय करोड़पतियों से आर्थिक सहायता प्राप्त कर रही है। कांग्रेस उनका अन्न खा रही है। इसलिए वह सभी निर्णायक वक्तों में उनका ही पक्ष लेगी।'

"सरकारी कर्मचारी चुनावों पर उस राजनीतिक दल के लिए प्रभाव डालते हैं जो उनको और उनके आश्रितों का पालन-पोषण करते हैं।"

चुनावा प्रणाली में सुधार क्यों नहीं : बाबा साहब भीमराव अम्बेडकर ने सत्ता पक्ष के दल की असलियत खोलते हुए वर्षों पूर्व लिखा था कि सत्ताधारी एक ही वर्ग से हैं। संविधान जिसका उद्देश्य स्थाई व खानदानी सत्ताधारी दल को सत्ता से हटाना होता है अपने उद्देश्य की पूर्ति में सफल नहीं हो सका क्योंकी चुनाव प्रणाली उसकी बरकरारी में सहायक सिद्ध हुई है। लोकसभा में नर्तको, अभिनेताओं-अभिनेत्रियों, सेठों व उनके वफादारों और कई प्रकार के शोषकों व अपराधियों का तो जमघट है किंतु बुद्धिजीवियों की संख्या न के बराबर है।

अल्पसंख्यकों की सुरक्षा : अल्पसंख्यकों को सुरक्षा देने के विचार से बाबा साहब भीमराव अम्बेडकर ने सन् 1955 के दिसम्बर माह की 23 तारीख को अपनी सोच इन शब्दों में व्यक्त की : अलग निर्वाचन प्रणाली या सीटों (स्थानों) के आरक्षण करने की पद्धति को कदापि बहाल नहीं किया जाना

चाहिए यदि अधिकता (दो या तीन) सदस्यों वाले चुनाव क्षेत्र बना दिए जाएं तो यह काफी होगा। इसमें वर्तमान संविधान में उपबन्धित एक सदस्य वाले चुनाव क्षेत्र की प्रणाली को बहाल कर इसके स्थान पर मतदान भी संचित रूप में हो।

चुनाव प्रणाली में सुधार सम्बन्धी जो परामर्श बाबा साहब भीमराव ने दिए वह इस बात का घोतक है कि बाबा साहब भविष्य के गर्भ क्या छिपा, उसे पढ़ पाने में उसे बूझ पाने में कितने माहिर हैं ये उसका एक अपने आप में उदाहरण है।

कानूनी सुधार (1)

मजदूरों का मार्गदर्शन सुरक्षा व भलाई : बाबा साहब भीमराव के विचार में मनुष्य की रक्षा उसके कल्याण और सामाजिक बदलाव का एक बहुत मजबूत और असरदार साधन है। इसी लक्ष्य को पाने के लिए उन्होंने कानून का प्रयोग किया।

जैसे कि पूर्व में कहा जा चुका है कि बाबा साहब भीमराव भारत की आजादी से पहले वायसराय हिंद की कार्यसाधक परिषद् में सन् 1942 से सन् 1946 तक लगभग चार वर्षों तक लेबर मैम्बर थे और उन्हें मजदूर विभाग के अलावा और भी अन्य विभागों का कार्यभार सौंपा गया था। समस्त संसार दूसरे विश्व युद्ध की चपेट में जिंदगी और मौत के मध्य में लटकी हुई थी। ऐसी परिस्थिति में भी बाबा साहब भीमराव अम्बेडकर मजदूरों को सही रास्ता बताने में लगे थे। वे मजदूरों की सुरक्षा व उनके कल्याण की योजनाएँ को बनवाते और उन्हें लागू करवाते रहे। जिनमें से कुछ का विवरण निम्नलिखित हैं :

मजदूरों का मार्गदर्शन

सन् 1938 में मनमाढ़ में रेल कर्मचारियों को सम्बोधित करते हुए बाबा साहब अम्बेडकर ने अपने विचार यों प्रकट किए : "**दो शत्रु :** मेरे विचार में कर्मकरों के दो शत्रु हैं। जिनसे उनको निपटना है। ये शत्रु हैं : (1) ब्राह्मणवाद और (2) पूंजीवाद। जब मैं ब्राह्मणवाद को कर्मकारों का शत्रु कहता हूँ तो मुझे गलत न समझा जाए। ब्राह्मणवाद से मेरा अभिप्राय उस सत्ता उन विशेषाधिकारों और उन विशेष हितों से नहीं है जो ब्राह्मणों को बतौर एक सम्प्रदाय प्राप्त है। मैं इस अर्थ में शब्द का प्रयोग नहीं कर रहा। ब्राह्मणवाद से मेरी मुराद है स्वतंत्रता, समता और भ्रातृभाव का निषेध। यद्यपि ब्राह्मण इनके जन्मदाता हैं तो भी यह ब्राह्मणों ही में नहीं सभी वर्णों में व्याप्त है। ब्राह्मणवाद

हरेक जगह फैला हुआ है और यह एक अकारण सच्चाई है कि यह सभी वर्गों के विचारों और कृतियों को नियमित करता है। यह भी एक अकाट्य सच्चाई है कि ब्राह्मणवाद कुछ वर्गों को एक विशेष दर्जा प्रदान करता है। कुछ अन्य वर्गों को यह अवसर की समानता भी प्रदान नहीं करता। ब्राह्मणवाद का प्रभाव सामाजिक अधिकारों जैसे सहभोज और अन्तरजातीय विवादों तक ही सीमित नहीं है। यदि ऐसा होता तो चिंता की बात नहीं थी। यह नागरिक अधिकरों जो सामाजिक अधिकारों से बिल्कुल भिन्न हैं, को भी प्रभावित करता है। सार्वजनिक कुंओं यातायात के सार्वजनिक-साधनों और आम जलपान गृहों का इस्तेमाल नागरिक अधिकारों में आता है। जो भी चीज प्रजा के इस्तेमाल के लिए है और जिसकी भी देखरेख सरकारी-कोष से की जाती है सभी नागरिकों के इस्तेमाल के लिए खुले होने चाहिए। किंतु ऐसे लाखों लोग हैं जिनको इन नागरिक अधिकारों का इस्तेमाल नहीं करने दिया जाता, क्या कोई इसमें संदेह कर सकता है कि यह सब सदियों से ब्राह्मणवाद ही के कारण हो रहा है। जो अभी भी बिजली की चालू तार की भांति कार्यरत है। ब्राह्मण इतना सर्वव्यापी है कि यह आर्थिक अवसरों के क्षेत्र को भी प्रभावित करता है।

कर्मकारों में वास्तविक एकता लाने का सही तरीका है—उन कारणों को दूर करना जो उनमें वंश और महजब पर आधारित द्वेष पैदा करते हैं। वर्कर को यह बताना जरूरी है कि उसके द्वारा किया जाने वाला भेदभाव सैद्धान्तिक तौर पर गलत है और कर्मकारों की एकजुटता के लिए हानिकारक है।... यदि मजदूरों को एकजुट होना है तो उन्हें ब्राह्मणवाद को जड़ से उखाड़ फेंकना होगा जो असमानता की भावना है।

मैंने मजदूर नेताओं को पूंजीवाद के विरुद्ध तो भाषण देते सुना है किंतु मैंने उन्हें मजदूरों के बीच ब्राह्मणवाद की आलोचना करते कभी नहीं सुना। इसके उल्टा इस मामले में वह मौन हैं। उनका ये मौन इस विश्वास की वजह से है कि कर्मकारों के संगठन और उनकी एकता से ब्राह्मणवाद को कोई सरोकार नहीं था वो इस बात को अच्छी तरह से समझते ही नहीं कि मजदूरों के असंगठित होने की वजह ब्राह्मणवाद है अथवा इसका कारण वर्करों का नेतृत्व करने और उनकी भावनाओं को कोई ठेस न पहुँचाने का कोरा अवसरवाद है। मैं यह सब जानना नहीं चाहता। यदि ब्राह्मणवाद मजदूरों के असंगठित होने का मूल कारण है तो इसे उनमें से दूर करना जरूरी है। यह संक्रामक रोग है, इसे नजरअन्दाज करके अथवा इस विषय में मौन धारण करके इसे समाप्त नहीं किया जा सकता। इसका पीछा करना चाहिए इसको खोदकर इसे समाप्त करना चाहिए, तभी वर्करों की कुशल एकता हो सकेगी।

मजदूर यूनियन (संघ) का उद्देश्य

मजदूर संघों का उद्देश्य है मजदूरों का जीवन स्तर अभाव ग्रस्त व कम न होने देना विदेशों (यूरोप) में एक औसत कीमत उस जीवन स्तर जो उसे पैदा होने पर वह पढ़ाई-लिखाई से प्राप्त हुआ है तो उस जीवन-स्तर को अपना अधिकार मानता है और यदि कोई उसके जीवन स्तर के अधिकार को कम करने का प्रयास करता है, तो विदेशी (यूरोपीय) मजदूर उस अन्याय व अपने जीवन स्तर के अधिकार पर होते अतिक्रमण का जमकर विरोध करता है। किन्तु एक भारतीय मजदूर में यह सब गुण या जरूरी इच्छा शक्ति मौजूद नहीं है। वह केवल जिंदा भर रहने की कामना करता है। वह अपने जीवन स्तर को बेहतर करने की इच्छा नहीं रखता और न ही उसमें अपने जीवन स्तर को ऊपर उठाने की उमंग है।

अगर कोई ऐसा मुल्क है जिसमें मजदूर संघ की कड़ी आवश्यकता है तो वह भारत है। परन्तु भारत में मजदूर संघ रुका और थका और बिखरा हुआ सा है। इसका एक ही कारण यह है कि मजदूर संघ का नेतृत्व डरपोक मतलबी और गुमराह है। कई मजदूर नेता तो ऐसा है। जो मात्र आराम कुर्सी में फँसे रहने वाले खोखली राजनीतिज्ञ करने वाले कमजोर नेता। ये लोग अखबारों में अपने फोटो व विचारों को छपवाने तक ही सिमट कर रह जाते हैं। मजदूरों को इकट्ठा करना उन्हें एकजुट करना उन्हें (अपने) शिक्षित करना अपने उद्देश्यों के प्रति बताना और संघ के बाकी लोगों को अपने अधिकारों के प्रति जागरूक करना और मजदूरों में अपने अधिकारों के लिए संघर्ष करने में उनकी सहायता करना व उनकी संघर्ष क्षमता को बढ़ाना इन सब चीजों को वे अपने कर्त्तव्य का अंग नहीं मानते वे मजदूरों का प्रतिनिधित्व करने और उनके वक्ता ही बना रहना चाहते हैं। वे मजदूरों के साथ सम्पर्क करने से कटते हैं।

राजनीति में भाग

मजदूर को इकट्ठा कर उन्हें एकजुट करना ही पर्याप्त नहीं है। मजदूरों को राजनीतिक लक्ष्यों और उद्देश्यों के लिए भी एकजुट होना चाहिए। मजदूर संघ केवल मिल और उद्योगपतियों के विरुद्ध उनके अधिकार संघर्ष में सहायक नहीं हो सकता इस सवाल पर कि मजदूर संघ को राजनीति में दाखिल होना चाहिए क्योंकि राजनीतिक सत्ता अर्थात् कानूनी सत्ता के बिना मजदूर संघ के अधिकारों (हितों) कि रक्षा भी नहीं कर सकते। स्टैंडर्ड रेट (न्यूनतम मूल्य) नार्मल दिन सांझे नियम, न्यूनतम तनख्वाह, सामूहिक सौदेबाजी

ये कुछ ऐसे लक्ष्य हैं जो केवल संघों को एकजुट करके प्राप्त नहीं किए जा सकते। संघ की ताकत को कानून की शक्ति से मजबूत बनाना चाहिए। यह तभी हो सकता है यदि मजदूर वर्ग स्वयं को यूनियन में एकजुट करने के सिवा देश की राजनीति में भी अपने फर्ज को अंजाम दे।

राजनीतिक वर्ग जागरुकता पर आधारित हो जो राजनीतिक वर्ग जागरुकता से खाली है (शून्य) वह महज एक धोखा है। समाज की नवीन रचना के लिए मजदूरों को राजनीतिक सत्ता (शक्ति) को बेहतर प्रयोग करना चाहिए।

मजदूरों की सुरक्षा व भलाई

त्रिपक्षीय मजदूर सम्मेलन : त्रिपक्षीय मजदूर सम्मेलन नाम का एक संघ (संगठत) बनाया गया। इसमें (1) मालिक (2) मजदूर (3) सरकार तीनों के प्रतिनिधि हिस्सा लेते और मजदूरों की मांगों और शिकायतों का हल निकालते थे। बाबा साहब भीमराव के शब्दों में मजदूर सम्मेलन के इतिहास में प्रथम बार ऐसा हुआ जब मालिकों और मजदूरों के प्रतिनिधियों को आमने-सामने बिठाकर मजदूरों से सम्बन्धित शिकायतों और समस्याओं को हल करने की प्रणाली आरम्भ की गई थी।

मजदूरों की हालत सम्बन्धी रायल कमीशन की रिपोर्ट पहले ही मौजूद थी: बाबा साहब ने एक कमेटी गठित की, इस कमेटी के तीन सदस्य थे। इस कमेटी ने देश (मुल्क) के सारे उद्योगों की बाबत (तरफ) उक्त रिपोर्ट और कई रिपोर्ट के प्रकाश में मजदूर कल्याण की योजनाएं बता कर बाबा साहब भीमराव द्वारा लागू कराई गईं–

(1) कोयला खानों में औरतों से भूमिगत जगहों पर भी काम कराया जाता था। बाबा साहब ने औरतों के भूमिगत काम करने पर रोक लगा दी।

(2) सन् 1944 जनवरी माह की 31 तारीख को एक अध्यादेश जारी करके एक मजदूर भलाई कोष कायम किया गया। कोष में धन कोयले और कोक पर ऐक्साईज ड्यूटी लगा कर जमा किया जाता था। इसी तरह खानों में काम करने वाले श्रमकों के लिए भी भलाई-कोष कायम किए गए।

(3) कोयला खानों सम्बन्धी भलाई संगठन की स्थापना की गई इस संगठन ने कोयला खनों में आठ राज्यों पश्चिमी बंगाल, बिहार, उड़ीसा, असम, आंध्र प्रदेश, मध्य प्रदेश, महाराष्ट्र और तमिलनाडु में काम करने वाले लगभग दस लाख मजदूरों और अधिकारियों के लिए कई हस्पताल खोले संगठन ने लगभग 200 केन्द्र स्थापित किए जिन में शिक्षा और मनोरंजन का प्रबंध किया गया था। संगठन ने लाखों मजदूरों के लिए पीने का स्वच्छ पानी भी उपलब्ध कराया क्योंकि प्राय कोयला-खानों के क्षेत्र में पानी कई बार पीने के लायक

नहीं रहता। अभ्रक खानों में काम करने वाले मजदूरों के लिए भी 'अभ्रक खान मजदूर भलाई संगठन' स्थापित किया गया।

(4) बाबा साहब भीमराव ने एक आवास-योजना भी बनाई संगठन द्वारा मजदूरों व अधिकारों के लिए मकान बनाने का कार्य मजदूर भलाई के इतिहास में पहली बार शुरू हुआ।

(5) प्रवासी मजदूरों के रहने के लिए जगह-जगह मकान बनाए गए जैसे कि शिमला में।

(6) खानों के पास स्नानगृहों और समान रखने के लिए लाकरों का उपबंध कानूनी तौर पर किया गया।

(7) सामाजिक सुरक्षा : कर्मचारी प्रतिकार कानून को संशोधित करके प्रतिकार की राशि बढ़ाई गई।

(8) औरत मजदूरों को प्रसूति सम्बन्धी छुट्टियां वेतन सहित देने का कानूनी प्रबन्ध किया गया।

(9) डा० भीमराव अम्बेडकर के लेबर-मैंबर रहते फैक्ट्रीज एक्ट में तीन संशोधन किए गए इससे साल भर के कार्य के लिए 14 दिन की वेतन सहित छुट्टियों का प्रबन्ध किया गया। बीमारी की हालत में एक साल सेवा वाले को वेतन सहित तीस दिन की छुट्टियाँ प्रदान करने का कानूनी उपबंध किया गया।

(10) उद्योगपति मजदूरों से दिन भर मनमाने ढंग से काम करवाते थे। बाबा साहब भीमराव ने एक सप्ताह में 54 घंटे, 48 घंटे और दिन में 10 घंटे के बदले 9 घंटे काम लिया जाने के लिए कानून बनाया जो सन् 1946 के अप्रैल माह की 4 तारीख को लागू हुआ।

(11) बाबा साहब अम्बेडकर ने केन्द्रीय विधानसभा में सन् 1946 में अप्रैल माह चार तारीख को एक बिल पेश किया। बिल के उद्देश्य का विवरण देते हुए उन्होंने कहा "सेवा की शर्तों को लिखित रूप में तय करना व उन शर्तों को संबंधित अधिकारी द्वारा साबित करने को जरूरी ठहराना। सन् 1946 के अप्रैल माह की 23 तारीख को कानून बन गया।

(12) मजदूर संघ को अनिवार्य तौर मान्यता प्रदान करने का कानूनी उपबंध किया गया।

(13) केन्द्रीय विधानसभा में बाबा साहब अम्बेडकर ने सन् 1946 को अप्रैल माह में एक बिल पेश (प्रस्तुत) किया जिसका लक्ष्य था सभी उद्योगों में न्यूनतम वेतन निर्धारित करना। यह बिल बाद में कानून बना और विभिन्न उद्योगों में न्यूनतम वेतन इसी कानून के आधार पर तय किए जाते हैं।

(14) बाबा साहब अम्बेडकर ने कर्मचारी राज्य बिल भी केन्द्रीय

विधानसभा में प्रस्तुत किया जो कानून बना। अब कर्मचारियों को जो साहूलियत मिल रही हैं वे इस कानून द्वारा ही मिल रही हैं।

(15) रोजगार दफ्तरों की स्थापना का शुभ आरम्भ भी बाबा साहब भीमराव के द्वारा ही हुआ था।

बेगार-प्रथा की पड़ताल करने के लक्ष्य से बाबा साहब भीमराव ने एक आयोग बनाने का प्रस्ताव किया। आयोग के अध्यक्ष के लिए उन्होंने उस समय के मजदूर नेता वी० वी० गिरि को मनोनीत भी किया। परन्तु रियासतों के राजाओं और कांग्रेसी नेताओं के मिले-जुले तीखे विरोध के कारण आयोग का गठन न हो सका। आखिर में उन्होंने बेगार को संविधान में गैर-कानूनी घोषित किया।

बाबा साहब भीमराव ने मजदूरों के अधिकारों की सुरक्षा व उनके विकास के जो रास्ते सुझाये देश उन्हीं रास्तों पर चल रहा है। इस प्रकार उन्होंने न केवल मजदूरों का पथ-प्रदर्शन किया अपितु उनके भविष्य को सुनहरा व सुरक्षित करने के लिए उसे कानूनी स्वरूप भी प्रदान किया। इसलिए उन्हें युगपुरुष के रूप में याद किया जाता है।

कानूनी सुधार

हिन्दू कोड बिल : हिन्दू समाज का सार है वर्ग और स्त्री व पुरुष के बीच असमानता। इस असमानता को बिना मिटाये ज्यों का त्यों रहने देना और आर्थिक समस्याओं सम्बन्धी कानून बनाते जाना भारतीय संविधान का उपहास करना और गोबर के ढेर पर महल बनाने जैसा है।

"हमारी दंड पद्धति में ज्यादा संशोधन नहीं किए जा सकते परंतु जिस कार्य में हम पीछे हैं। वह है सामाजिक विधान हमने अब इसमें संशोधन के सहयोग से कार्य अपने हाथों में लिया है। हिन्दू कोड बिल द्वारा हम इसके पूरे स्वरूप को बदल देंगे... मैंने इस कार्य के लिए अपना पूरा जीवन समर्पित कर दिया है हाँ हम अपने एक नवीन समाज की रचना कर रहे हैं और यह न्यायपूर्ण, विधिवत तरीके से कर रहे हैं। मैं या तो हिन्दू कोड बिल को पूरे भारत पर लागू करूंगा अथवा कहीं भी नहीं... हिन्दू कोड बिल भारतीय संविधान की अपेक्षा भारत के लिए सौ गुना ज्यादा लाभकारी सिद्ध होगा।"

हिन्दू कोड बिल का उद्देश्य : हिन्दू कोड बिल के दो उद्देश्य थे-(1) हिन्दू समाज से सम्बन्धित बिखरे हुए अलग-अलग कानून को एक ही कानून में इकट्ठा करना व उसमें संशोधन करना (2) हिन्दू कानूनों को भारतीय संविधान के मुताबिक बनाना। जहाँ तक पहले लक्ष्य का सम्बन्ध है। हिन्दू

कोड बिल में प्रचलित कानूनों के अनेक नियमों को संशोधित कर सम्मिलित किया गया। दूसरे लक्ष्य की व्याख्या स्वयं बाबा साहब ने अपने भाषण में इन शब्दों में की थी–जो लोग हिन्दू कोड बिल का विरोध कर रहे है उनका ध्यान मैं संविधान की धारा 15 की ओर दिलाना चाहता हूँ जो हमने मौलिक अधिकारों के रूप में पास किए हैं।

हिन्दू कोड बिल में प्रस्तावित सुधार बाबा साहब अम्बेडकर ने हिन्दू कोड बिल का जो मसौदा तैयार किया और जो संसद में प्रस्तुत किया गया उसके नौ भाग थे उसमें 139 धाराएँ और सात सूचियाँ थीं।

चतुर्वर्णीय का सफाया : हिन्दू कोड बिल बिना रियायत किए जाति या सम्प्रदाय वीर शैवा ब्राह्मण, प्रार्थना समाजियों, आर्य समाजियों, लिंगायतों, बौद्धों, जैनियों और सिखों सभी पर लागू था। दूसरे शब्दों में बिल ने हिन्दू समाज की चतुर्वर्णीय व्यवस्था को कानूनी तौर पर खत्म कर दिया। स्त्री को विवाह-विच्छेद, तलाक, दत्तक लेने में भागीदार होने, सम्पत्ति में बेटी और बेटे को बराबर की हिस्सेदारी और उत्तराधिकारी नियुक्त करने का अधिकार आदि दिए गए।

बिल के अनेक टुकड़े : बाबा साहब भीमराव के त्याग-पत्र देने के चार साल तक हिन्दू कोड बिल की कुछ धाराओं को टुकड़ों में विभाजित कर कई कानूनों का रूप दिया गया। ये कानून इस प्रकार हैं–

(1) हिन्दू विवाह कानून 1955
(2) हिन्दू उत्तराधिकार कानून 1956
(3) हिन्दू नाबालिग व संरक्षक कानून 1956
(4) हिन्दू दत्तक ग्रहण व निर्वाह कानून 1956
(5) हिन्दू नारी-सम्पत्ति अधिकार कानून 1957

काले कानून की समाप्ति

कई सारे कानून जो भेदभाव से ओत-प्रोत थे और जो अनुसूचित जातियों को सामाजिक दासता व उनके आर्थिक शोषण को कानूनी मान्यता देते थे और जिनको बाबा साहब भीमराव अम्बेडकर ने संविधान के विरुद्ध घोषित कर खत्म कर दिया उनकी व्याख्या पहले की जा चुकी है। पंजाब (जिसमें हिमाचल, हरियाणा आदि राज्य सम्मलित थे) में एक अतिक्रमण व शोषण करने वाला काला कानून था, जिसको कि Punjab Land Alienation Act यह कानून सन् 1901 में जनवरी माह की 8 तारीख को पारित किया गया था और आधी सदी तक कानून के तौर पर लागू रहा। इस कानून द्वारा पंजाब में रहने वाले लोगों को कृषक और गैर-कृषक दो हिस्सों में विभाजित

कर दिया गया था। गैर-कृषकों को भूमि के स्वामित्व के हक से वंचित कर दिया गया। इस तरह पंजाब में रहने वाले अनुसूचित जातीय लोग भूमि के स्वामी नहीं बन सकते थे। यहाँ तक कि जिन घरों में वे लोग रहते थे वे केवल उन घरों के मलबे के ही मालिक (अधिकारी) होते थे। जिस जमीन पर वे घर बने होते थे उसके वे कानूनी रूप से स्वामी नहीं हो सकते थे।

संविधान सन् 1949 को नवम्बर माह में पास हुआ था और सन् 1950 को जनवरी माह की 26 तारीख को लागू हुआ। संविधान के लागू होने के बाद विधि मंत्री के तौर पर बाबा साहब भीमराव अम्बेडकर ने इस काले कानून को खत्म किया जिसको गैर-कानूनी घोषित करने के लिए वह पिछले बीस वर्षों से प्रयत्नशील थे।

भ्रष्टचार का उन्मूलन

बाबा साहब भीमराव अम्बेडकर लोकतंत्र की कामयाबी के लिए आजाद और निष्पक्ष चुनावों को बहुत अहमियत देते थे। बाबा साहब चुनाव आयोग को और चुनाव आयुक्त के पद को भी वह बहुत ही सशक्त और गौरवपूर्ण समझते थे। इसके लिए वह चाहते थे कि ऐसे व्यक्तियों जो चुनावों में कई तरह के शोषण, भेदभाव गड़बड़ियाँ मतपेटियों पर कब्जा, बेईमानी और कई तरह की हेराफेरी करवाने में सक्षम है अथवा चुनाव प्रक्रिया को प्रभावित कर सकते हैं। उनको चुनावों में भाग लेने से कानूनी तौर पर प्रतिबंधित किया जाए। अपने इन विचारों को उन्होंने अपने एक भाषण में इन शब्दों में प्रकट किया है–मैं चाहता था कि परमिट व लाइसेंस धारकों, काला धन्धा करने वालों और ठेकेदारों को चुनाव लड़ने के आयोग्य ठहरा दिया जाए, मैंने ऐसा करने के लिए लोक प्रतिनिधित्व कानून में एक धारा भी जोड़ी थी। किन्तु कांग्रेसी सांसदों के कड़े विरोध के कारण मुझे वह धारा काट देनी पड़ी। यदि बाबा साहब के परामर्श को मान लिया जाता तो भारत का लोकतंत्र जो दिखने में तो प्रजातांत्रिक लगता है किन्तु जो जब तब प्रजा विरोधी बन जाता है और जिसके फलस्वरूप वह कई बार तानाशाही के रंग भी दिखाने से नहीं चूकता तब ऐसा न होता।

धर्म परिवर्तन

वर्णाश्रम धर्म के प्रति डा० अम्बेडकर का मौलिक विरोध था। वह किसी भी स्थिति व मूल्य पर वर्णवाद से समझौता करने को उद्यत नहीं थे। अपने इन विचारों को उन्होंने 13 अक्टूबर 1935 में येवला सम्मेलन में बहुत ही

सोच-विचार करने के पश्चात् व्यक्त किया था। उन्होंने कहा कि वह धर्मान्तरण कर रहे हैं।

उन्होंने आगे कहा था कि हिन्दू समाज में समानता के लिए कोई स्थान नहीं है। इस धर्म का परित्याग करने से ही हमारी स्थिति में सुधार हो पायेगा। अत: धर्म परिवर्तन के अतिरिक्त मुझे कोई मार्ग नहीं दिखता।

जो धर्म आपकी मनुष्यता का कुछ मूल्य नहीं मानता। उस धर्म में रहना श्रेयस्कर नहीं जो धर्म तुम्हें शिक्षा प्राप्त नहीं करने देता, उसमें तुम क्यों रहते हो ? जो धर्म तुम्हारी आर्थिक प्रगति का बाधक है जो बात-बात पर तुम्हारे अपमान का कारण है तुम ऐसे धर्म में क्यों रहते हो ?

डा० अम्बेडकर ने जब धर्म परिवर्तन की घोषणा की तो जंगल की आग की भाँति यह समाचार देश भर में फैल गया। सर्वप्रथम डा० अम्बेडकर ने सिख धर्म को स्वीकार करने का विचार किया। क्योंकि इसमें सैद्धान्तिक तौर पर वर्णभेद नहीं है व बन्धुत्व की भावना प्रबल है। यकायक डा० अम्बेडकर को वह सब विचित्र लगा। अत: उन्होंने सिख धर्म स्वीकार करने का विचार त्याग दिया।

डा० अम्बेडकर इस्लाम व ईसाई की ओर उन्मुख नहीं हुए क्योंकि वहाँ उनके नेतृत्व का उन्हें भय था इस्लाम के अनुयायी किसी धर्मान्तरित को सहसा नेतृत्व नहीं देते। यही स्थिति ईसाईयों में भी है।

अपने धर्म परिवर्तन के प्रकरण में डा० अम्बेडकर ने मई 1956 में बी० बी० सी० को एक भेंटवार्ता में बौद्ध धर्म की विशेषता और उपयोगिता के विषय में कहा था। ''मैं बौद्ध धर्म को पसन्द करता हूँ क्योंकि इसमें उन तीन सिद्धान्तों का समन्वित रूप है जो अन्य धर्मों में नहीं मिलता। बौद्ध धर्म प्रज्ञा, करुणा और समता की शिक्षा देता है।

डा० अम्बेडकर ने अक्टूबर 1956 में बुद्ध धर्म स्वीकार किया। नागपुर में एक ऐतिहासिक महासम्मेलन में अपने अनुयायी के साथ उन्होंने बौद्ध भिक्षु चिन्तामणि से बौद्ध धर्म में दीक्षा ग्रहण की। दीक्षित होने के उपरान्त डा० अम्बेडकर ने लगभग सभी बौद्ध तीर्थों का भ्रमण किया।

❄❄❄

16

अंतिम पड़ाव

यात्राओं से परिपूर्ण जीवन ने डा० भीमराव को बहुत थका दिया था। स्वास्थ्य निरन्तर गिर रहा था। उनका निजी सहायक नानक चन्द रतु उनकी पूरी सहायता करता। लेकिन वह रहता कहीं अन्यत्र ही था।

30 नवम्बर को दिल्ली पहुंचने पर जब उन्होंने देखा कि उनका स्वास्थ्यं बहुत बिगड़ गया है तो उन्होंनें रतु को रात वहीं रहने को कहा। 1 दिसम्बर 1956 की प्रात:काल उठने पर डा० अम्बेडकर को अपना स्वास्थ्य कुछ ठीक लगा। वह दिल्ली की मथुरा रोड पर आयोजित बुद्धिस्ट आर्ट गैलरी देखने चले गये।

आगामी बुद्ध जयन्ती के अवसर पर भारत में 2500वीं बुद्ध जयन्ती बड़ी ही धूमधाम से मनाने का आयोजन किया जा रहा था। उसी उपलक्ष्य में महामान्य दलाई लामा दिल्ली पधारे हुए थे। 2 दिसम्बर को अशोक विहार में दलाई लामा के स्वागत का आयोजन किया था। डा० अम्बेडकर भी आयोजन में सम्मिलित हुए।

3 दिसम्बर को प्रात:काल उठने पर डा० अम्बेडकर ने अनुभव किया कि उनका स्वास्थ्य ठीक नहीं है। फिर शाम के समय अपने माली की रूष्ण पत्नी को देखने चले गये व माली को चिन्ता नहीं करने को कहा।

डा० अम्बेडकर 13 दिसम्बर 1956 को बम्बई जा कर धर्म परिवर्तन करने वाले अपने महार बन्धुओं को दीक्षा देने के लिए जाने वाले थे। इससे पूर्व वह अपने कुछ महत्वपूर्ण कार्य पूर्ण करना चाहते थे। उन दिनों वह "दि बुद्ध एण्ड हिज़ धम्म' के अतिरिक्त 'दि बुद्ध एण्ड कार्ल माक्स' की रचना कर रहे थे। 3 दिसम्बर को उन्होंने पुस्तक अन्तिम अध्याय समाप्त कर उसे टाइप करने के लिए रतु को सौंप दिया।

उन दिनों डा० अम्बेडकर राज्यसभा के सदस्य थे। 4 दिसम्बर को वे राज्यसभा में गये। वहाँ वह अपने कुछ साथियों तथा शुभचिन्तकों से मिले विचार-विमर्श किया। कौन जानता था कि 4 दिसम्बर उनका राज्यसभा का

अन्तिम दिन होगा। सायंकाल उन्होंने आचार्य पी० के० अगे और श्री एस० एम० जोशी को पत्र लिखवाए। वे चाहते थे कि महाराष्ट्र के वे दो दिग्गज उनकी रिपब्लिकन पार्टी में सम्मिलित हो जाएं। इसके लिए ही वह प्रयत्न कर रहे थे। 16 दिसम्बर को बम्बई में होने वाले दीक्षा समारोह में डा० अम्बेडकर के परिवार के सभी सदस्य जाने वाले थे। डा० अम्बेडकर को तो सपत्नीक 14 दिसम्बर को वायुयान से जाने का कार्यक्रम था किन्तु उनका अवशिष्ट परिकर अर्थात् उनकी पत्नी डा० श्रीमती अम्बेडकर के पिता और भाई तथा अन्य व्यक्ति श्री जाधव 4 दिसम्बर को रेलगाड़ी से बम्बई के लिए प्रस्थान कर गये। उस दिन रतु बहुत देर तक कार्य करता रहा। इसलिए उस रात्रि वो वहीं रह गया।

अन्तिम कार्य दिवस

5 दिसम्बर की प्रातः डा० अम्बेडकर कुछ विलंब से जगे। रतु तब तक वहीं था और उनके जागने के उपरांत उनसे अनुमति लेकर वह अपने कार्यालय चला गया। घर में केवल उनकी पत्नी और उनके चिकित्सक बम्बई के डा० मावलंकर रह गये। मध्याह्न के समय डाक्टर सविता और मावलंकर बाजार गये। उन्हें डाक्टर मावलंकर के बम्बई वापस जाने के लिए कुछ खरीदारी करनी थी, इसलिये उनको वहाँ से लौटने में विलंब हो गया।

शाम को छः बजे जब रतु अपने कार्यालय से डा० अम्बेडकर के पास वापस आया तो तब तक भी श्रीमती अम्बेडकर बाजार से नहीं लौटी थीं। इससे डाक्टर अम्बेडकर को ये लगा था कि उनकी उपेक्षा की जा रही है। जिसके कारण उन्हें क्रोध भी आने लगा था। रतु ने भी यह अनुभव किया। किसी प्रकार प्रकृतिस्थ हो कर डा० अम्बेडकर ने रतु को टाइप करने के लिए काम दिया और रतु अपने कमरे में जाने वाला ही था कि तभी श्रीमती अम्बेडकर बाजार से लौट आईं। डा० अम्बेडकर क्रोध में तो भरे ही थे। उन्होंने सविता अम्बेडकर को खरी-खोटी कह डाली। यहाँ तक कि उनके के मुँह से श्रीमती अम्बेडकर को तलाक देने की बात भी निकली। डा० सविता अम्बेडकर ने देखा कि डा० अम्बेडकर क्रोध में है। और उनका कहना जलती अग्नि में घी का काम करेगा। अतः उन्होंने रतु को ही कहा कि वह डा० साहब को शान्त करने का यत्न करें और सचमुच ही रतु के प्रयत्न करने से वह शान्त हो गये।

उसी सायंकाल दिल्ली के प्रतिष्ठित जैन मतावलम्बियों का एक शिष्ट मण्डल उनसे मिलने आया। बहुत देर तक उनमें बातें भी होती रहीं। उसी समय उनको 'जैन बुद्ध' नाम की एक पुस्तक भी भेंट की गई। वास्तव में

वह लोग डा० अम्बेडकर को अगले दिन होने वाले अपने आयोजन के लिए आमन्त्रित करने के लिये आये थे। उन्होंने निमन्त्रण दिया और डा० अम्बेडकर ने उसे स्वीकार कर सम्मेलन में सम्मिलित होने का आश्वासन दिया कि यदि उनका स्वास्थ्य ठीक रहा तो वे अवश्य आयेंगे।

डा० अम्बेडकर जैन शिष्ट मण्डल से वार्तालाप में व्यस्त थे कि तभी डाक्टर मावलंकर जो विशेषतः उनके लिए वहाँ आये हुए थे, अपने पूर्व निर्धारित कार्यक्रम के अनुसार बम्बई के लिए प्रस्थान कर गये। यह हम पहले ही लिख आये हैं कि उनके बम्बई जाने के उपलक्ष्य में ही श्रीमती अम्बेडकर उनके साथ बाजार में खरीदारी करने गई थीं और उसमें विलम्ब हो जाने के कारण डाक्टर अम्बेडकर ने उसको अपनी उपेक्षा मान कर उन पर क्रोध प्रकट किया था।

डा० अम्बेडकर अपने सोफे पर बैठे तन्मयता से किन्तु ताल और लय में 'बुद्धं शरणं गच्छामि' का गायन कर रहे थे। रतु को यह देख कर प्रसन्नता हो रही थी। बाद में डा० अम्बेडकर ने रतु से कहा कि रेडियोग्राम पर वह उस गीत का रिकार्ड चढ़ा दे। रेडियोग्राम पर गीत बज रहा था कि चलते-चलते उन्होंने रतु के माध्यम से अपनी पुस्तकों की अलमारी से कुछ पुस्तकें निकालीं और उनकों अपनी मेज पर रखवा दिया।

भोजनोपरान्त वे अपने कमरे भें आये। वहाँ कुछ देर बैठ कर वे कबीर का भजन 'चल कबीर तेरा भव सागर डेरा' गाते गुनगुनाते रहे। फिर उठ कर अपने शयनकक्ष में चले गये। वहाँ पहुच कर उन्होंने समीप रखी उन पुस्तकों को देखा जो उन्होंने कुछ देर पहले अलमारी से निकलवाई थीं।

डा० अम्बेडकर ने उसी दिन 'दि बुद्ध एण्ड हिज़ धम्म' की भूमिका लिखी थी तथा आचार्य आगे और श्री जोशी को पत्र लिखवाये थे। वह सब वहीं मेज पर रखे थे। डा० अम्बेडकर की इच्छा थी कि उन पर एक बार पुनः दृष्टि डालें इसलिए उनको अपने नजदीक रखवाया था। उनकी यह पुस्तक उनके मरणोपरान्त सन् 1957 में प्रकाशित हुई।

काल रात्रि

मधुमेह के रोगी तो डा० अम्बेडकर बहुत पहले से ही थे। राजनीतिक उथल-पुथल व अछूतों के उद्धार में निरन्तर व्यस्त रहने के कारण उनका स्वास्थ्य गिरता गया उनको बिस्तर पर ही आराम की सलाह दी गईं श्रीमती अम्बेडकर ने उनकी उत्तम चिकित्सा की व्यवस्था की।

5 दिसम्बर की रात वह सो गए सुबह श्रीमती अम्बेडकर ने अपने पति को देखा वह अस्वस्थ दिखे, उन्हें पुनः सुला कर स्वयं प्रातःकालीन नित्य

कर्म में व्यस्त हो गईं क्योंकि स्थिति चिन्ताजनक थी वह घड़ी-घड़ी आ कर उन्हें देख जाती थीं।

नित्य कर्म से निवृत हो कर जब डा० सविता अम्बेडकर अपने पति को देखने आईं तो उन्होंने देखा की उनकी गर्दन लुढ़की हुई है। प्राण पखेरू कूच कर गये थे।

अन्तिम यात्रा

श्रीमती अम्बेडकर ने रतु को बुलाने के लिए कार भेजी और उसके आने पर रतु ने कुछ ही क्षणों में यह समाचार डा० अम्बेडकर के सगे सम्बन्धियों, मित्रों, सहयोगियों, समाचार-पत्रों तथा आकाशवाणी आदि में प्रसारित करवा दिया। आकाशवाणी ने प्रात:काल ही डा० अम्बेडकर के निधन का समाचार दो बार प्रसारित किया।

ज्यों ही दस बजे संसद का अधिवेशन आरम्भ हुआ, सदन की कार्यवाही को स्थगित कर लोकसभा में प्रधानमन्त्री पण्डित नेहरू ने अम्बेडकर को श्रद्धांजलि अर्पित की और उसके बाद सदन की कार्यवाही उस दिन के लिए स्थगित करने की घोषणा हो गई। पण्डित नेहरू वहाँ से सीधे डा० अम्बेड़कर के निवास पर जा पहुंचे। वहाँ उन्होंने उनके पार्थिव शरीर को श्रद्धांजलि अर्पित की।

तब तक हजारों नर-नारी इस समाचार को सुन कर डा० अम्बेडकर के अन्तिम दर्शन के लिये अलीपुर रोड पर एकत्रित होने आरम्भ हो गये थे।

भारत के प्रमुख नेता उनमें पण्डित गोविन्द बल्लभ पन्त, श्री जगजीवनराम राज्यसभा के उप सभापति आदि अनेक महानुभाव डा० साहब को श्रद्धांजलि एवं पुष्पांजलि अर्पित करने के लिए उनके निवास पर एकत्रित हुए।

डा० साहब 16 दिसम्बर को दीक्षा समारोह में सम्मिलित होने के लिए बम्बई जाने वाले थे किन्तु नियति को यह स्वीकार नहीं था। उनके अंतिम संस्कार के लिये बम्बई ही उचित समझा गया। संचारमन्त्री जगजीवनराम के प्रयत्न से 'डकांरा विमान' उनके शव को ले जाने के लिए निर्धारित कर दिया गया। बम्बई के लिए विमान के जाने का समय रात्रि के साढ़े दस बजे का निश्चित हुआ। सारा दिन शेष था। डा० अम्बेडकर के अनुयायियों ने निश्चय किया कि डा० साहब के पार्थिव शरीर को हवाई अड्डे तक ले जाने के लिये यात्रा के रूप में ले जाया जाये। अत: उसकी व्यवस्था की गई और एक ट्रक को सजा कर उसमें उनका पार्थिव शरीर रखा गया। दिल्ली के मुख्य बाजारों से होता हुआ वह जलूस निर्धारित समय पर सफदरजंग हवाई अड्डे पर पहुंचा।

डा० अम्बेडकर के पार्थिव शरीर के साथ बम्बई जाने वालों में सर्वश्री सोहनलाल शास्त्री, शंकरानन्द शास्त्री, भिक्षु भवन्त आनन्द आदि अनेक अनके गणमान्य लोग थे। रात्रि तीन बजे विमान के बम्बई पहुंचने पर भी हवाई अड्डे पर हजारों की संख्या में नर-नारी उनके दर्शनों के लिए वहाँ एकत्रित थे। जलूस के रूप में उनके शरीर को उनके बम्बई दादर स्थित राजगृह निवास स्थान लाया गया।

7 दिसम्बर, 1956 डा० अम्बेडकर के पार्थिव शरीर की अन्त्येष्ठी की तैयारियां हुईं। एक सजे हुए ट्रक में उनके शरीर को फूलों से सजा कर रखा गया उनके सिर के पास भगवान बुद्ध की प्रतिमा स्थापित की गई। धूप तथा अगरबत्तियों से वातावरण सुगन्धित किया गया।

मध्यान 1 . 30 मिनट के लगभग शवयात्रा आरम्भ हुई पाँच घंटे बम्बई के मुख्य बाजारों की यात्रा करती हुई श्मशान पहुंची, तब तक बम्बई का सारा यातायात ठप्प पड़ा रहा शवयात्रा के गन्तव्य मार्ग पर दर्शनों के लिए प्रात: से ही भीड़ आतुरता से प्रतीक्षा कर रही थी। सभी लोगों ने श्वेत वस्त्र धारण किये हुए थे। यह किवदन्ति प्रचलित हो गई कि उस दिन बम्बई के बाजारों में सफेद धोतियों का भण्डार समाप्त हो गया। तब लोगों ने सफेद चादरें खरीद कर अपनी मनोकामना पूर्ण करने का यत्न किया।

चिता को उनके एक मात्र पुत्र यशवन्त ने अग्नि प्रदान की। भिक्षु श्रेष्ठ भदन्त आनंद कौशल्यायन ने अन्तिम संस्कार की सारी रीति बौद्ध मत की परम्परा के अनुसार सम्पन्न कराई।

वहीं पर एक सामान्य-सी शोक सभा हुई। उसमें भिक्षु भवन्त आनन्द कौशल्यायन के अतिरिक्त आचार्य पी० के० अगे और दादा साहब गायकवाड़ दो और व्यक्ति बोले।

आचार्य अगे ने अपनी श्रद्धांजलि में मार्मिक शब्दों में कहा, ''ऐ आकाश के देवताओं ! आओ, आकर देख लो ! फिर कभी तुम्हें यह दृश्य देखने को नहीं मिलेगा।''

इस प्रकार एक समाज सुधारक अछूतोद्धारक विधिवेत्ता, दलितों शोषितों के मसीहा के जीवन का पटाक्षेप हुआ।

❄❄❄

डायमंड पॉकेट बुक्स की लोकप्रिय उपन्यास

तुहीन सिन्हा- 22 याड्र्स

22 याड्र्स एक ऐसा थ्रिलर उपन्यास है जो पाठकों को एक क्रिकेट खिलाड़ी की जिंदगी और क्रिकेट से जुड़े रोमांचक पलों के सफर पर ले जाता है। लॉर्डस में भारत की शानदार वर्ल्ड कप की जीत को पूरे पच्चीस साल बीत चुके हैं, और भारतीय क्रिकेट कप्तान मंयक अपनी जिंदगी के सबसे बड़े मैच 'ट्वेंटी-20 वर्ल्ड कप फाइनल' के लिए तैयार हो रहा है। वह अपना सारा तनाव भूल कर, टीम का मनोबल बढ़ाता है और अपनी जिंदगी का सबसे बेहतरीन मैच खेलता है।

सीमा सेठ– एल्डराडो (सपनों का शहर)

सीमा सेठ ने एम.बी.ए. करने के दौरान माडलिंग भी की, जहां से मिले अनुभवों को उन्होंने किताब के रूप में ढाला। पू एक अभिनेत्री बनने का सपना लेकर सोने की नगरी मुम्बई आती है। वह स्वयं को गगनचुम्बी इमारतों, दिखावटी कारों, डिजाइनर कपड़ों और अमीरों की पार्टियों में पाती है। अन्धकारपूर्ण, गुप्त और घृणित स्टारडम की डगर बुराइयों तथा जोखिम से भरी थी। यदि वह इसमें सफल होती है, तब उसे यह फैसला करना पड़ेगा कि क्या उस समझौते में उसकी आत्मा का सौदा करना सही था।

तुहिन सिन्हा–दैट थिंग कॉल लव

'दैट थिंग कॉल लव' तुहिन का पहला उपन्यास है। यह मुम्बई जैसे मैट्रो शहर के जीवन में बदलते नैतिक मूल्यों के बीच रिश्तों की वास्तविकता से परिचित करवाता है। पत्नी पर अटूट विश्वास करने वाला पुरुष, जो अचानक पत्नी से धोखा मिलने पर पूरी तरह से टूट गया; एक कर्तव्य निष्ठ पति जो पहले रिश्ते में उलझी पत्नी पर अपना प्यार बरसाने के लिए धैर्यता से प्रतीक्षा कर रहा है, एक आर्कषक रिसेप्शनिस्ट जो वास्तव में कॉल गर्ल है; एक समलैगिंक पुरुष जो सदैव आकर्षक पुरुषों को निशाना बनाने के लिए आतुर है।

चेतन भगत–द 3 मिस्टेक्स ऑफ माई लाइफ

सन् 2000 के अंत में, अहमदाबाद के एक लड़के गोविंद ने एक कारोबार शुरू करने का सपना देखा। अपने लक्ष्यों की प्राप्ति के लिए उसको सबका सामना होगा–धार्मिक, राजनीति, आपदाएं, अस्वीकृत प्रेम और इन तमाम बातों से ऊपर उसकी अपनी गलतियां। क्या वह सफल हो पाएगा? भारत के सर्वाधिक बिकने वाले उपन्यासकार द्वारा आधुनिक भारत की एक और बौद्धिक हास्य-विलास से भरपूर कहानी, जिसमें चेतन भगत ने एक संपूर्ण पीढ़ी के विचारों और एकाकीपन को दर्शाया है।

सोमा दास–समथिंग ऑफ ए मॉकटैल

काया, जे.एन.यू. में स्वयं को कुर्ता-चप्पल-झोले की दुनिया में पाती है इस 'मिनी इंडिया' में काया, रागिनी और शुभ्रा के साथ बंगाली बालाओं, गंगा ढाबा, पार्थसारथी रॉक्स, रागिणी की प्रेम-कहानियां, बहनजी से मॉर्डन बनी लड़कियों, बागवनी सर्वे का सच, काया की प्रेम कहानी और आई.ए.एस. के लिए भागमभाग का सामना करती है। इस मौज-मस्ती और गम्भीरता के बीच वह तीनों महसूस करती है कि वह जे.एन.यू. को न तो छोड़ सकती हैं और न यहां रह सकती हैं।

डायमंड बुक्स X-30, ओखला इंडस्ट्रियल एरिया, फेज-2, नई दिल्ली-110020 फोन नं. 41611861-66, 40712100, फेक्स: 011-41611866, ईमेल : Sales@dpb.in, Website: www.dpb.in

डायमंड पाकेट बुक्स में

हास्य-व्यंग्य/शेरो-शायरी/गजलें/कविता की श्रेष्ठ पुस्तकें

हास्य व्यंग

काका हाथरसी

- मेरा जीवन ए-वन (आत्मकथा)
- काका की पाती
- हास्य के गुब्बारे
- जय बोलो बेईमान की
- काका काकी के लव लेटर्स
- काका की महफिल
- काका की फुलझड़ियां
- काका की चौपाल
- यार सप्तक
- लूट नीति मंथन करी
- खिलखिलाहट
- काका के व्यंग्य बाण
- काका के प्रहसन
- काका के चुटकुले
- कक्के के छक्के
- काका की विशिष्ट रचनाएं
- काका तरंग
- काका के कारतूस
- काका का दरबार
- काका काकी की नोंक-झोंक
- मीठी-मीठी हंसाइयां
- काका शतक
- हास्य वर्णमाला

गोपाल दास नीरज

- बच्चन यात्री अग्निपथ का
- बादलों से सलाम लेता हूं
- कुछ दोहे नीरज के
- गीत जो गाये नहीं
- फूल खिले है गुलशन गुलशन

सुरेन्द्र शर्मा

- मानसरोवर के कौव्वे
- बुद्धिमानों की मुर्खताएं 1
- बड़े-बड़ों के उत्पात

ओम प्रकाश आदित्य

- अस्पताल की टांग

महेन्द्र अजनबी

- हंसा हंसा के मारूंगा

प्रवीण शुक्ल

- कहां वे कहां ये
- हंसते हंसाते रहो
- तुम्हारी आंख के आंसू

शैल चतुर्वेदी

- चल गई...

सं. डॉ. गिरिराजशरण अग्रवाल

- चुनी हुई हास्य कविताएं (संकलन)
- मेरे इक्यावन व्यंग्य

आर.के.पंकज

- कर आजाद उजालों को

अशोक स्वतंत्र

- चौपाल ठहाकों की

नीरज पुरी

- चित्र-विचित्र

मंजीत सिंह

- मॉडर्न पंचतंत्र
- रांग नंबर

राज गोपाल काटजू

- काटजू जी मुस्कराए
- काटजू जी और चाचा

जैमिनी हरयाणवी

- हंसाये जा प्यारे
- मून पर हनीमून

प्रेम जनमेजय

- डुबते सूरज का इश्क

राजेश अरोड़ा शलभ

- अनंत-बसंत

कुंअर बेचैन

- कोई आवाज देता है
- दिन दिवंगत हुए

अशोक चक्रधर

- जो करे सो जो कर (यंत्रस्थ)
- भोले भाले
- खिड़कियां
- इसलिए बोड़म जी इसलिए
- ए जी सुनिए
- रंग जमा लो
- तमाशा
- चुटपुटकुले
- हंसो और मर जाओ
- सो तो है
- जब रहा न कोई चारा
- जाने क्या टपके
- बोल गप्पे

डॉ. दिपाके

- अपनी कविताओं में अशोक चक्रधर 1

बागेश्री चक्रधर

- मकरंद ही ठीक है

शशिकांत सदैव

- इश्क की खुश्बू है सूफी
- स्त्री: की कुछ अनकहीं
- दर्द की कतरन

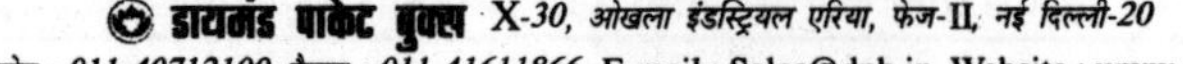

डायमंड पाकेट बुक्स X-30, ओखला इंडस्ट्रियल एरिया, फेज-II, नई दिल्ली-20

फोन : 011-40712100, फैक्स : 011-41611866, E-mail : Sales@dpb.in, Website : www.dpb.in